한국의 선거와 회고적 투표

한국의 유권자들은 지지후보 및 정당을 어떻게 선택하는가

한국의 선거와 회고적 투표

장승진 지음

경인문화사

| 머리말 |

한국은 유난히 선거가 잦은 나라이다. 국회의원총선거와 지방선거
가 2년 간격으로 번갈아 실시되고, 그 중간에 대통령선거가 5년에 한
번씩 실시된다. 결과적으로 한국 국민들에게는 거의 매년 전국단위의
선거에 참여하여 한 표를 행사할 기회가 주어진다. 선거가 민주주의
의 꽃이라는 진부한 표현에 빗대어 이야기하자면, 1987년 민주화 이후
한 세대 남짓 흐르는 동안 한국의 민주주의가 짧은 기간 동안 이루어
낸 괄목할 만한 발전[01]의 배후에는 주기적으로 실시되는 선거와 선거
에 참여하여 최소한의 정치적 권리를 행사하는 유권자들이 존재한다
고 할 수 있다.

그러나 막상 한국에서 선거와 유권자의 투표행태를 연구한다는 것
은 두 가지 서로 다른 전선(戰線)에서 스스로를 증명해야 한다는 것을
의미한다. 첫 번째는 한국의 선거에 대한 일반 대중들 사이에서 쉽게
찾아볼 수 있는 냉소적인 목소리이다. 어떤 사람은 선거는 자주 치러
지지만 정작 한국 정치가 그리 변하지 않았다고 한탄한다. 어차피 그
후보가 그 후보니 누가 당선되든 정치는 항상 그대로일 뿐이라는 것이

---

01 전 세계 국가의 민주주의 수준을 측정하는 Economist Intelligence Unit(EIU)의 민
주주의 지수에 따르면, 2021년 현재 한국은 조사 대상인 167개국 중 16위를 기록
하여 완전한 민주주의(full democracy) 중 하나로 평가되었다.

다. 또 어떤 사람은 한국 유권자들이 정말로 선거에서 제대로 된 선택을 내리는지 의문을 제기하기도 한다. 어차피 유권자 대부분은 별다른 고민과 생각 없이 익숙한 관성과 진영논리에 따라 지지 후보를 선택하기 마련이라는 것이다. 그리고 이러한 목소리들은 학자들의 분석을 각자가 살아가면서 피부로 겪어온 삶의 경험과는 동떨어진, 그렇기 때문에 대체 어느 나라 이야기인가 싶은, 추상적인 개념의 향연으로 받아들이게 한다.

두 번째 상대는 선거라는 거대한 게임에서 실제로 선수로 뛰는 정치인, 즉 후보와 그 주변의 소위 선거전문가 및 정당 관계자들이다. 이들에게 선거는 학술적 연구의 대상이 아니라, 생업의 터전인 동시에 매 순간의 판단과 선택이 향후 몇 년간의 경력을 좌우할 수 있는 갈림길이라고 할 수 있다. 치열한 현장에 발 담그지 않고 대학 연구실에 앉아 관찰하는 입장에서, 이들이 어떤 고민을 가지고 왜 그런 선택을 내렸는지 온전히 이해하지 못하는 것은 당연한 일이다. 따라서 선수들이 보기에 연구자들의 작업은 실제 선거운동 과정에서 어떤 일이 벌어지는 잘 모르면서, 책과 데이터 수치로만 선거를 이해하려는 책상물림의 탁상공론에서 크게 벗어나지 않을 것이다. 원래 "내가 해봐서 아는데"를 운운하는 상대가 가장 설득하기 어려운 법이다.

이 책은 이러한 두 전선에서 저자가 지난 10여 년간 정치학자로서의 정체성을 증명하기 위해 나름대로 노력해 온 결과를 담고 있다. 한국에서 정치학자로 살아가다 보니 자의 반 타의 반으로 한국의 선거와 유권자의 투표행태를 주된 전공 분야로 삼아 글을 쓰게 되었다. 한국 정치를 유권자의 시각에서 설명하는 다양한 논문을 쓰는 과정에서 한국의 선거와 유권자의 투표행태를 체계적으로 이해하기 위한 저자 나름의 핵심 키워드를 찾게 되었고, 그것이 바로 "회고적 투표"라는 것이다. 이 책은 회고적 투표라는 키워드를 사용하여, 한 편으로는-현장에 매몰된 선수들이 종종 생각하는 것과 달리-유권자들이 단순히 선거공학과 전략, 동원의 대상에 머무는 것이 아니라는 사실을 보여주고, 또 다른 한 편으로는-일반 대중들이 생각하는 것 이상으로-한국의 선거가 정상적으로 기능하고 있으며 민주주의 발전에 기여하고 있다는 사실을 보여주고자 한다.

선거와 유권자의 투표선택을 설명하고자 하는 시도는 불가피하게 또 다른 개념을 동원할 수밖에 없으며, 이는 다시 해당 개념이 어디에서 비롯하여 어떻게 변화하는가에 대한 설명할 것을 요구한다. 따라서 선거와 유권자의 투표선택에 대한 연구는 결국 일반 유권자들이 정치 현상을 어떻게 인식하고 어떻게 태도를 형성하는가라는 근본적인 질문에 대한 연구로 나아갈 수밖에 없다. 이 책에서 제시된 분석도 마찬가지여서, 한국 유권자들이 선거에서 어떻게 투표하는가를-대통령의 국정운영 성과에 대한-회고적 인식이라는 개념을 사용하여 설명하고 있지만, 설명의 완결성을 위해서는 회고적 인식 자체가 어디에서 유래하여 어떻게 변화하는가에 대한 논의가 요구된다. 바로 이 부분이 이

책이 가진 한계라고 할 수 있다.

이러한 명백한 한계에도 불구하고 더 미루지 않고 굳이 이 책을 펴낸 이유는 일종의 학문적 의례(ritual)가 필요하다는 생각 때문이다. 거의 매년 선거가 치러지고, 선거가 마무리되면 유권자들이 어떻게 선택을 내렸고 그러한 선택이 모인 집합적 결과가 어떠한 정치적 함의를 가지는지에 대해 거의 조건반사적으로 데이터를 분석하고 글을 쓰게 된다. 새로운 선거가 다가오면 지난 선거 과정에서 제기되었던-그러나 미처 발전시키지 못한-질문은 자연스럽게 미뤄두게 되고, 지난 선거 과정에서 수집한 데이터는 컴퓨터 하드디스크의 한편에 저장되고 이내 잊혀진다. 그러나 언제부터인가 이와 같이 분석을 위한 분석을 반복하는 것에 피로감을 느끼는 것과 함께, 보다 근본적인 차원에서 한국 유권자들이 정치를 어떻게 인식하고 어떤 태도를 형성하는가에 대한 고민과 분석으로 넘어가고자 하는 욕구를 가지기 시작했다. 따라서 개인적으로 이 책은 다음 단계로 나아가기 전에 지금까지의 작업을 저자 나름대로 정리한다는 의미를 가지고 있다. 물론 혼자 생각을 정리하고 마음먹으면 충분할 일을 뭐하러 책으로 내놓느냐고 힐난할 사람이 있을지도 모르지만, 이야말로 학자로서 누릴 수 있는 몇 안 되는 특권 중 하나라고 생각하며 읽는 분들의 양해를 구한다.

| 목차 |

PART 1   서론   011

PART 2   회고적 투표: 이론과 현실   023

PART 3   한국 대통령선거에서의 회고적 투표   049

서론

현재 우리는 대의제 민주주의(representative democracy) 체제하에서 살아가고 있으며, 대의제 민주주의의 시작과 끝은 선거에 있다. 선거를 통해 임기 동안 권력을 위임받아 국가를 이끌어갈 대표자들이 선출되며, 또한 선거를 통해 기존에 권력을 행사하던 이들이 새로운 얼굴로 교체되기도 한다. 물론 선거와 선거 사이의 기간에도 유권자들이 일상적으로 정치적 결정에 참여하거나 영향을 끼칠 수 있는 통로가 존재하지 않는 것은 아니지만, 선거야말로 모든 권력이 국민으로부터 나온다는 헌법 조항이 공허한 외침에만 그치지 않고 실질적인 힘을 발휘할 수 있다는 사실을 확인할 수 있는 흔치 않은-혹은 현실적으로 유일한-기회라고 할 수 있다.

　선거가 가지는 중요성에 걸맞게 유권자들이 선거에서 어떤 기준으로 어떤 후보 및 정당을 지지하는가는 정치권과 언론, 그리고 학계를 막론하고 오랜 관심의 대상이었다. 1940년대 미국의 정치사회학자들이 유권자의 투표선택에 대한 최초의 이론적 설명을 시도한 이래로 (Berelson, Lazarsfeld, and McPhee 1954; Lazarsfeld, Berelson, and Gaudet 1948),

수많은 학자가 일반 유권자의 투표선택을 설명하기 위한 수많은 이론을 제시하고 검증해왔다. 물론 투표장에 도착한 개개의 유권자들이 투표용지의 한 칸에 기표하는 행위의 배후에는 수많은 요인이 복잡하게 작용하고 있으며, 투표선택을 설명하는 어떠한 이론도 이러한 복잡성을 무시하지는 않는다. 다만 수많은 요인 중 어떤 것이 보다 근본적인 차원에서 후보 및 정당 선택의 방향성을 결정하는가에 대해서는 크게 세 가지 정도의 이론적 입장이 공존하며 서로 경쟁하고 있다.

투표선택에 대한 첫 번째 설명은 유권자가 정당에 대해 가지고 있는 심리적 태도가 선거에서의 선택에 결정적인 영향을 끼친다고 본다. 특정한 정당을 지지하는 유권자가 해당 정당 소속의 후보에게 투표한다는 것은 어찌 보면 지극히 자연스러운 현상이라고 할 수 있다. 물론 특정 정당에 대한 지지와 선거에서의 선택이 반드시 일치하지는 않을 수 있다. 때에 따라서는 후보 개인에 대한 반감 때문에 혹은 후보가 추구하는 핵심 정책에 동의하지 않기 때문에 평소에 지지하는 정당의 후보에게 투표하지 않는 경우도 충분히 발생한다. 혹은 정당의 구성원이나 활동에 대한 불만으로 인해 기존에 가지고 있던 지지를 철회하는 유권자도 존재한다. 그러나 이와 같은 현실 정치의 다양한 변주에도 불구하고, 특정 정당에 대해 호감을 가지고 안정적으로 지지하는 유권자는 그렇지 않은 유권자에 비해 해당 정당 소속의 후보에게 투표할 확률이 기본적으로 높다는 사실은 부정할 수 없다.

투표선택에 대한 두 번째 설명은 유권자의 합리적 계산을 강조한다.

소위 합리적 선택 이론(rational choice theory)에 따르면, 주어진 여러 가지 대안 중에서 가장 높은 효용(utility)을 제공할 것이라고 기대되는 대안을 선택하는 것이 가장 합리적이며 선거에서의 선택 역시 크게 다르지 않다. 주요 정책에 대해 후보가 가진 입장이 유권자가 가장 선호하는 지점으로부터 멀어질수록 해당 후보가 당선되었을 때 제공할 것이라고 기대되는 효용은 점차 감소하며, 각 유권자는 후보 중에서 자신과 상대적으로 가장 가까운 입장을 가진-혹은 그렇다고 인식하는-후보를 지지하게 된다. 이때 유권자가 고려하는 것은 자신이 가장 중요하게 생각하는 특정한 하나의 정책일 수도 있고, 혹은 여러 가지 정책의 총합으로서의 진보-보수의 이념일 수도 있다. 다시 말해서 유권자는 이념적으로 자신과 가장 가까운 입장을 가진 후보를 지지한다는 것이다.

투표선택을 설명하는 세 번째 이론적 입장은 정당 및 정당 소속 정치인이 과거 집권했을 때 얼마나 국정을 잘 운영했는가가 유권자가 지지 후보를 결정하는 중요한 기준이라고 본다. 어차피 당선 이후 무엇을 하겠다는 약속은 신뢰할 수 없는 공(空)약에 지나지 않기 때문에, 유권자가 후보를 평가하기 위해 활용하는 진짜 기준은 과거의 경험, 즉 이전에 권력을 잡았을 때 어떠한 결과를 낳았는가라는 것이다. 실제로 선거에서 여당 후보는 집권 이후 달성한 정책 성과를 내세워 유권자의 지지를 호소하며, 야당 후보는 여당의 실정을 지적하며 자신을 대안으로 선택함으로써 이들을 심판해달라고 호소한다. 특히 대통령제를 채택하고 있는 경우 대통령의 국정운영에 대해 유권자들이 어떻게 평가하는가야말로 선거 결과에 결정적인 영향을 끼치게 된다. 결과적으로 대통령의 임기 중간에 실시되는 국회의원총선거 및 지방선거에서든 혹은 대통령 임기 만료 후 실시되는 차기 대통령선거에서든, 현직 대통령이 국정운영을 잘했다고 생각하는 유권자는 여당 소속 후보를 그렇지 않다고 생각하는 유권자는 야당 소속 후보를 지지하게 된다는 것이다.

흔히 선거에 임하는 이상적인 유권자의 자세는 각 후보의 자질과 그들이 내세우는 공약을 꼼꼼히 살피고 비교하여 가장 훌륭한 사람을 선택하는 것이라고 이야기한다. 그러나 평범한 유권자가 바쁜 일상 속에서 이상적인 자세를 실천하기 위해 상당한 시간과 노력을 투자하기를 기대하기는 어려우며, 더구나 나의 한 표가 실제로 선거 결과에 영향을 끼칠 확률은 극히 미미하다는 점을 고려한다면 더욱 그러하다. 아무리 선거가 박빙으로 진행된다고 해도 대통령선거에서 내 표가 가지는 가치는 결국 3천만분의 1 정도에 지나지 않으며, 국회의원총선거에서도 평균 약 21만분의 1에 그친다. 이러한 관점에서 위에서 서술한 세 가지 이론적 입장은 유권자들이 지나치게 많은 시간과 노력을 기울이지 않고서도 선거에서 올바른-비록 최적의(optimal) 선택은 아니더라도 합당한(reasonable)-선택을 내리기 위해 활용할 수 있는 대안적 기준이 무엇인지 보여주고 있다.

물론 이 세 가지 기준 외에도 당연하게도 수많은 요인들이 유권자가 행사하는 한 표에 반영될 수 있다. 누군가는 특정 후보에 대한 호감 혹은 상대 후보에 대한 반감으로 누구를 찍을지 결정할 것이다. 또 다른 누군가는 자신이 중요하게 생각하는 단 하나의 쟁점에 대해 누가 나를 대변해주는가를 기준으로 후보를 선택할 수 있다. 마지막으로 지연, 학연 등 후보와의 개인적 관계를 고려하여 지지 후보를 결정하는 사람도 있을 것이다. 유권자의 숫자만큼이나 다양한 요인들이 투표선택에 반영되기 마련이며, 같은 유권자라고 해도 지난 선거에서 지지 후보를 선택한 기준과 이번 선거에서의 선택 기준이 달라질 수 있다. 다만 유권자의 투표선택을 설명하는 세 가지 이론은 이처럼 다양한 요인의 영향력을 부정하지 않으면서도, 대부분의 선거에서 대부분의 유권자들에게 적용될 수 있는 보편적인 투표선택 기준을 제시하고 있다고 할 수 있다.

이 책은 유권자의 투표선택을 설명하는 세 가지 이론적 입장 중 흔히 회고적 투표(retrospective voting) 이론이라고 불리는 세 번째 입장을 다루고 있다. 물론 특정한 이론적 입장에 초점을 맞춘다고 해서 다른 두 가지 이론의 설명력과 유용성을 부정하는 것은 아니다. 다만 정당에 대한 태도나 이념성향에 비해 한국 유권자의 투표선택을 설명하는 데 있어서 회고적 투표가 가지는 의미와 영향력에 대해서는 상대적으로 잘 알려지지 않았다는 사실이 다음 장부터 이어지는 논의와 분석을 시도한 가장 중요한 이유라고 할 수 있다. 심지어 회고적 투표는 앞으로 누가 국정을 잘 이끌어갈 것인가를 고려하지 못하고 과거에 얽매여

선택하는, 결과적으로 바람직하지 못한 유권자의 모습으로 취급될 정도로 그동안 평가절하되어 온 측면이 있다.

이러한 선입견과는 달리 이 책에서 제시된 분석 결과는 회고적 투표가 한국 유권자의 투표선택을 설명하기 위해 빼놓을 수 없는 중요한 부분을 차지하며, 그 영향력이 발휘되는 메커니즘 또한 상당히 합리적이고 체계적으로 작동한다는 사실을 보여주고 있다. 이 책에서는 한국 유권자들이 어떻게 대통령과 정부의 국정운영 성과를 평가하며, 이러한 평가가 최근 실시된 대통령선거 및 국회의원총선거, 그리고 지방선거에서 실제 그들의 투표선택에 어떻게 반영되는지에 대한 경험적이고 실증적인 증거가 제시되어 있다. 그리고 이러한 분석 결과는 궁극적으로-여러 가지 비판과 한계에도 불구하고-한국의 선거가 정치적 책임성(political accountability) 확보라는 목적을 일정하게 달성하는 데 기여하고 있다는 사실을 보여준다.

보다 구체적으로 이 책의 분석 결과는 한국의 선거와 유권자의 투표선택을 설명하는데 있어서 대통령과 정부의 국정운영 성과에 대한 평가가 매우 중요한 역할을 한다는 사실을 세 가지 발견을 통해 보여주고 있다. 첫 번째로 대통령의 국정운영을 긍정적으로 평가하는가 혹은 부정적으로 평가하는가는 유권자가 여당 후보에게 투표하는가 아니면 야당 후보에게 투표하는가에 매우 유의미한 영향을 끼치는 것으로 나타났다. 물론 정당에 대해 가지고 있는 심리적 태도나 이념성향과 같이 다른 이론적 입장에서 강조하는 여러 가지 요인들도 유권자의 투표선택에 영향을 끼치지만, 이와 동시에 대통령의 국정운영 평가 또한 대통령선거나 국회의원총선거, 혹은 지방선거를 막론하고 유권자의 투표선택에 매우 일관된 차이를 가져오는 것이다.

두 번째로 흔히 회고적 투표와 관련하여 제기되는 비판은 대통령과 정부의 국정운영 평가는 현상의 원인이라기보다는 결과에 지나지 않는다는 것이다. 즉 애초에 여당을 지지하는 유권자는 대통령과 정부의 국정운영을 무조건 긍정적으로 평가할 것이기 때문에, 설사 국정운영 평가가 투표선택에 반영된다고 하더라도 그것을 실제 회고적 평가의 영향력이라고 보기 어렵다는 것이다. 그러나 간단한 실험을 통해서 발견할 수 있는 것은 한국 유권자들이 언론 등을 통해 얻는 새로운 정보가 그들의 국정운영 평가에 체계적으로 반영된다는 것이다. 심지어 여당을 지지하는 유권자라고 하더라도 대통령의 국정운영에 대한 부정적인 뉴스를 접했을 경우 실제로 국정운영에 대한 평가가 부정적으로 바뀌는 사실을 확인할 수 있다. 결론적으로 대통령과 정부의 국정운영에 대한 유권자들의 평가는-정치적 성향의 차이에도 불구하고-실제 현실에서 경험하고 목격한 정치 사안을 반영하여 충분히 합리적으로 이루어지며, 따라서 그러한 국정운영 평가의 영향력 또한 허위(spurious)가 아닌 실재하는 현상이라고 할 수 있다.

세 번째로 대통령선거와 달리 국회의원총선거나 지방선거의 경우, 국정운영에 대한 평가의 영향력은 중층적으로 작용한다. 대통령제 하에서 대통령이 가지는 정치적 위상과 영향력을 고려한다면, 대통령선거에서뿐만 아니라 다른 선거에서도 대통령에 대한 평가가 유권자의 선택에 영향을 끼치는 것은 당연하다고 할 수 있다. 그러나 만일 국회의원총선거나 지방선거에서 대통령의 국정운영 평가만이 유일하게 투표선택에 영향을 준다면, 이는 평가 대상과 선출 대상이 일치하지 않는 부자연스러운 상황을 초래할 수 있다. 그러나 실제로는 국회의원을 선출하는 선거에서는 대통령의 국정운영 평가와 더불어 여야 주요 정당이 국회에서 보인 활동에 대한 평가가 함께 영향을 끼쳤으며, 지방자치단체장을 선출할 때에는 해당 단체장의 지난 임기 동안의 활동에 대한 평가가 대통령에 대한 평가와 함께 유권자의 투표선택에 영향을 끼쳤다. 다시 말해서 선거에 임하는 한국 유권자들은 다양한 정치적 주체에 대해 각자의 역할에 걸맞은 정치적 책임을 묻고 있다는 것이다.

이하의 장들은 대부분 저자가 학술 논문의 형태로 정치학 분야 전문학술지에 게재한 것들[01]을 수정·보완한 것들이다. 학술 논문은 그 자체로 완결된 형식을 갖출 것을 요구하다 보니, 한국 유권자의 회고적 투표라는 큰 주제 안에서 각각의 분석이 어떠한 의미를 갖는지 명

---

01 이 책이 기반하고 있는 학술 논문은 구체적으로 다음과 같다. "한국 선거에서의 회고적 투표: 이론과 현실"『미래정치연구』제7권 1호 (2장), "당파적 편향은 회고적 평가를 왜곡하는가? 실험설문 분석"『한국정당학회보』제20권 2호, (4장), "유권자들은 총선에서 누구를 언제 심판하는가?: 제21대 총선에서 나타난 조건부 회고적 투표"『한국정치학회보』제54집 4호 (5장), "한국 지방선거의 다층적 회고적 투표"『한국정당학회보』제18권 1호 (6장).

확하게 드러나지 않는 한계를 가진다. 또한 학술 논문의 속성상 전문 연구자들 사이에서 주로 논의가 이루어질 뿐, 일반적인 학생과 독자들에게는 접근성이 떨어지는 것이 사실이다. 이 책을 통해 보다 많은 독자들에게 한국 유권자들이 선거에서 어떻게 선택을 내리는지, 그리고 그 선택에 회고적 투표라는 현상이 어떻게 반영되는지 좀 더 일관되고 종합적인 그림을 보여줄 수 있기를 희망한다.

PART 2

회고적 투표: 이론과 현실

대의제 민주주의 하에서 선거가 담당하는 첫 번째 기능은 무엇보다 도 대표자를 선출하는 것이다. 정치공동체의 경계가 확대되고 사회가 점차 복잡해지면서 유권자들이 직접 정책결정과정에 참여하는 것은 더는 가능하지 않게 되었다. 따라서 유권자는 자신들의 대표자를 선출 하여 이들이 주어진 임기 동안 유권자를 대신하여 중요한 정치적 결정 을 내리도록 하는 것이 대의제 민주주의의 핵심이라고 할 수 있다.

　그런데 대의제 민주주의가 정상적으로 작동하기 위해서는 단순히 대표자를 유권자들이 직접 선출하는 것만으로 충분하지 않다. 대표자 들은 다양한 이유로 인해 자신들을 선출한 유권자의 이해관계를 충실 하게 대변하기보다는 사적인 이해관계를 추구할 유인을 가지고 있다.[01] 따라서 유권자 입장에서는 대표자들을 통제하고 이들이 유권자가 원 하지 않는 정책을 추진하는 것을 방지하기 위한 제도적 장치가 필요

---

01 여기에서의 사적 이해관계란 단순히 부정부패를 의미하는 것을 아니라, 유권자가 원하는 것과는 다른 정책을 추진하는 것까지 포함하는 넓은 의미로 이해되어야 한다.

하다. 바로 이 지점에서 선거가 담당하는 두 번째 기능이 제기된다. 즉 선거는 대표자들이 임기 동안 보여준 활동과 정책, 그리고 결과에 대해 평가하고 심판하는 보상과 처벌의 기제로서 기능한다는 것이다. 다시 말해서 성공적으로 국정을 운영한 대표자 및 정당을 다음 선거에서 다시 선출함으로써 보상하고, 국정운영에 실패한 대표자와 정당을 낙선시킴으로써 처벌을 가하게 된다는 것이다. 재선에 대한 고려야말로 대표자들이 사적인 이해관계를 추구하는 것을 자제하고 유권자의 요구에 반응하기 위해 노력하기 위한 가장 중요한 동기를 제공한다. 그리고 이러한 과정을 통해 선거는 대의제 민주주의 하에서 정치적 책임성(political accountability)이 확보될 수 있도록 한다(Ashworth 2012; Powell 2000).

1. 회고적 투표의 의의

물론 선거가 실시된다는 사실이 자동적으로 정치적 책임성을 보장하는 것은 아니다. 만일 유권자들이 투표하면서 임기 동안 대표자들이 어떻게 활동했고 어떤 성과를 달성했는지를 전혀 고려하지 않는다면, 대표자들은 여전히 유권자의 요구에 반응해야 할 동기를 가지지 않을 것이다. 이러한 관점에서 유권자들이 후보 및 정당이 집권 기간 달성한 성과에 대한 평가를 투표의 기준으로 삼는 것을 의미하는 회고적 투표는 대의제 민주주의가 정상적으로 작동하기 위한 핵심적인 조건이라고 할 수 있다.

회고적 투표에 대해서는 두 가지 설명이 가능하다(Fiorina 1981). 첫 번째 설명(Key 1966)은 유권자들의 투표선택을 국정운영의 결과에 대한 사후적 평가로 이해하며, 이 때 유권자들은 구체적인 정책 수단이 무엇인가에는 관심이 없으며 그러한 정책이 실현된 결과, 즉 현직자의 재임 동안 유권자들이 경험한 개인적 효용의 변화에만 초점을 맞추어 지지 후보를 선택하게 된다. 다시 말해서 선거에 임하는 유권자들이 스스로에게 묻는 질문은 "현 정권의 임기 동안 나의 삶이 얼마나 나아졌는가"라는 것이다. 결과적으로 선거는 기본적으로 집권 여당의 국정운영 성과에 대한 일종의 심판(referendum)으로서의 의미를 가진다(Ferejohn 1986).

반면에 다운스(Downs 1957)로부터 이어지는 합리적 선택 이론의 관점에서 바라보면 유권자들은 서로 다른 대안을 선택했을 때 기대되는 미래의 효용에 의거하여 선택을 내린다. 다만 선거에서 후보와 정당이 내세우는 공약은 말 그대로 공허한 약속에 그칠 수 있으며, 집권 이후 어떻게 국정을 운영할 것인지 미루어 보기 위해 신뢰할만한 정보라고 하기 어렵다. 오히려 각 후보 및 정당의 과거 국정을 운영할 때 어떠한 성과를 이루었는가야말로 바쁜 일상 속에서 합리적으로 무지한 유권자들이 미래를 예측하기 위해 손쉽게 활용할 수 있는 정보를 제공한다(Fearon 1999). 즉 회고적 투표는 단순히 과거의 잘잘못을 따지는 것을 넘어서 오히려 적극적으로 미래를 전망하여 투표할 수 있도록 하는 수단이 되는 것이다. 그리고 피오리나는 이러한 두 관점을 통합하여 유권자들이 구체적인 정책보다는-직접적으로 경험하거나 혹은 사회적으로 학습한-국정운영의 결과에 대한 회고적 평가를 통해 미래에 대한 기대를 형성하는 회고적 투표 이론을 제시하고 이에 대한 경험적인 증거를 제시한다.

회고적 투표의 핵심은 현직자 혹은 집권 여당의 국정운영에 대해 긍정적으로 평가하는 유권자는 여당 후보에 투표하고, 부정적으로 평가하는 유권자는 야당 후보에게 투표한다는 것이다. 그렇다면 과연 이와 같이 국정운영 성과를 긍정 혹은 부정적으로 평가하는 기준은 무엇인가라는 질문이 뒤따르기 마련이다. 많은 연구는 국정운영의 성과를 평가하기 위해 유권자들이 가장 쉽게 그리고 일반적으로 사용하는 기준이 경제 상황의 변화라고 지적하고 있다. 경제가 회고적 평가의 핵심을 차지하는 이유는 몇 가지로 설명할 수 있다. 우선 경제라는 이슈 자체가 가지는 중요성을 들 수 있다. 다른 이슈와는 달리 경제는 먹고 사는 문제와 직접적으로 연결된다는 점에서 대부분의 유권자가 가장 중요한 이슈로 꼽기 마련이다. 두 번째로 정책 목표에 대한 입장 차이가 나타날 수 있는 다른 이슈와는 달리, 경제와 관련해서는 정책 목표에 대한 광범위한 합의가 존재한다. 경제성장, 물가안정, 일자리 확충에 반대하는 유권자는 거의 없을 것이며, 문제는 모두가 원하는 바람직한 결과를 누가 잘 달성할 수 있는가를 둘러싼 경쟁이라고 할 수 있다. 세 번째로 경제 분야의 성과는 일반 유권자들도 쉽게 확인할 수 있다. 누구나 스스로 경험한 삶의 변화를 통해 집권 기간의 경제적 성과를 직접적으로 체감할 수 있으며, 혹은 경제성장률이나 실업률 등 언론을 통해 보도되는 객관적인 지표를 통해서도 경제 성과에 대한 평가가 가능하다.

실제로 수많은 연구가 경제성장률이나 인플레이션, 실업률 등과 같은 거시경제지표를 통해 드러나는 경제 상황의 변화에 따라 집권 여당 소속 후보의 득표율이 증가 혹은 감소하는 현상을 보고하고 있다(Erikson 1989; Fair 1978; Hibbs 1987; Kramer 1971; Lewis-Beck 1988; Tufte 1978). 흔히 경제투표(economic voting)라고 일컬어지는 이러한 현상은 회고적 투표에서 가장 핵심적인 부분을 차지하고 있다. 즉 경제상황이 개선되었을 때에는 유권자들이 집권 여당 소속의 후보에게 투표하는 반면에 경제상황이 악화되는 경우에는 야당 후보를 선택함으로써 집권 여당의 실정을 심판한다는 것이다.

객관적 경제상황의 변화가 투표선택으로 이어지기 위해서는 객관적 조건에 대한 유권자의 주관적 인식이 선행되어야 한다. 이 때 유권자들의 형성하는 경제적 인식은 자기 자신의 가계 살림 수준에서 형성될 수도 있고(pocketbook considerations) 혹은 전체 국가 경제 수준에서 형성될 수도 있다(sociotropic considerations). 또한 유권자들은-자신의 가계 살림 수준이건 아니면 국가 경제 수준이건-지금까지의 변화에 대한 회고적 평가에 보다 초점을 맞출 수도 있고 혹은 앞으로의 변화에 대한 전망적(prospective) 기대에 보다 집중할 수도 있다. 이와 같이 두 가지 기준에 따라 나타날 수 있는 네 가지 서로 다른 경제적 인식의 조합 중에서 대부분의 연구는 국가 경제의 변화에 대한 회고적 평가가 투표선택에 가장 강력하고 일관된 영향을 끼친다는 점을 밝히고 있다 (Kinder and Kiewiet 1981; Lew-Beck and Stegmaier 2000).[02]

물론 국가의 경제 상황에 대한 회고적 평가와 투표선택 사이의 상관관계는 유권자의 특성 및 정치적 맥락에 따라 변화할 수 있다(Anderson 2007). 예를 들어 몇몇 연구들은 정치적 세련도(political sophistication) 및 미디어 노출도가 높은 유권자일수록 국가 경제 상황에 대한 평가가 투표선택에 끼치는 영향력이 보다 강하게 나타난다고 주장한다(Fiorina 1981; Goren 1997; Hetherington 1996; Mutz 1992). 이는 정치적으로 세련된 유권자일수록 국가 경제 상황에 대한 지식과 정보를 많이 가지고 있으며, 정부의 정책에 따라 국가 경제 상황이 어떻게 변화하는지를 더욱 명확하게 인식하고 있기 때문이다. 반면에 다른 연구들은 정치적으로 세련된 유권자일수록 투표선택에 있어서 국가 경제 상황에 대한 평가보다는 오히려 개인 수준의 가계 살림의 변화를 보다 중요하게 고려한다고 주장하기도 한다(Gomez and Wilson 2001, 2003). 국가 경제 상황의 변화에 대한 정보는 누구나 손쉽게 획득할 수 있는 반면에, 개인의

---

02 이러한 결론과는 달리 국가경제의 변화에 대한 인식보다는 개인 수준의 가계살림의 변화에 대한 인식이, 혹은 회고적 평가보다는 전망적 기대가 더욱 중요한 영향을 끼친다는 연구도 찾아볼 수 있다(Kramer 1983; MacKuen, Erikson, and Stimson 1992).

가계 살림의 변화를 국가 경제 상황의 변화 그리고 나아가 정부의 국정운영의 결과와 연결 짓는 것은 정치적 세련도가 높은 유권자들만 가능하다는 것이다. 따라서 정치적 세련도가 특별히 높지 않은 유권자들 사이에서는 국가 경제 상황에 대한 평가의 영향력만 강하게 나타나는 반면에, 정치적 세련도가 높은 유권자들은 오히려 개인의 가계 살림의 변화에 따라 어떤 후보를 지지할지 선택한다는 것이다.

경제투표, 혹은 보다 일반적으로 회고적 투표의 영향력은 선거가 치러지는 맥락과 환경에 따라서도 다르게 나타날 수 있다. 예를 들어 현직자가 재선에 도전하지 않는 경우 회고적 평가의 영향력이 약화될 것이라는 점은 쉽게 예상할 수 있다(Campbell, Dettrey, and Yin 2010).[03] 또한 유권자가 경제 상황이 악화된 책임을 특정한 정당에게 묻기 힘들게 하는 정치적·제도적 맥락-예를 들어 분점정부(divided government)나 연립정권의 등장, 혹은 연방제 정치구조와 같은-하에서는 회고적 평가의 영향력은 완화되는 경향이 있다(Anderson 2000; Duch and Stevenson 2005; Hellwig and Samuels 2008; Norpoth 2001; Powell and Whitten 1993). 마지막으로 국가의 경제체제가 보다 세계화되어 있을수록, 즉 정부가 시장에 개입하여 경제 상황에 정책적으로 영향을 끼칠 여지가 작은 국가

---

[03] 이에 대해서는 현직 대통령이 재선에 도전하는 경우에는 대통령에 대한 선호 및 지지 여부가 경제상황에 대한 평가에 영향을 끼치기 때문에 이를 고려한다면 경제투표는 실질적으로 현직 대통령이 출마하지 않는 선거에서 주로 나타난다는 반론도 찾아볼 수 있다(Hansford and Gomez 2015).

일수록 경제투표의 영향력은 상대적으로 감소하는 것으로 나타난다(Hellwig 2001; Hellwig and Samuels 2007).

경제투표와 관련한 수많은 연구와 증거에도 불구하고 근본적인 차원에서 경제 상황에 대한 인식과 선거에서의 선택 사이에 어떠한 인과관계가 존재하는가에 대해서는 여전히 논란의 여지가 있다. 예를 들어 동일한 경제 상황에 대해서도 각자의 특수한 경험이나 미디어에 대한 노출도 혹은 다양한 정치적·인구학적 특성에 따라 유권자들은 서로 다른 평가를 내릴 수 있다(Duch, Palmer, and Anderson 2000). 특히 문제가 되는 것은 유권자의 당파적 성향에 따라 경제 상황에 대한 평가가 달라질 가능성이다. 일찍이 미시간 학파가 주장했듯이 특정한 정당에 대한 소속감이나 애착심은 인식의 장막(perceptual screen)으로 작용하며, 따라서 집권 여당을 지지하는 유권자라면 객관적인 조건과는 무관하게 국가의 경제 상황을 긍정적으로 인식하고 평가할 가능성이 농후하다(Anderson, Mendes, and Tverdova 2004; Bartels 2002; Evans and Andersen 2006; Evans and Pickup 2010; Wlezien, Franklin, and Twggs 1997). 만일 이러한 경우가 대다수라면 경제투표 이론에서 주장하는 경제 상황에 대한 평가와 투표선택 사이의 강력한 상관관계는 오히려 인과관계가 거꾸로 된 것이거나 최소한 실제보다 상당히 과장되었을 가능성이 존재한다. 다시 말해서 경제 상황을 긍정적으로 평가하기 때문에 여당 후보를 지지하는 것이 아니라, 경제와 무관한 이유로 여당 후보를 이미 지지하는 사람들이 경제 상황 역시 긍정적으로 평가한다는 것이다. 물론 인과관계의 역전 가능성을 통계적으로 고려한 이후에도 여전히 경제 상황에 대한 평가가 투표선택에 유의미한 영향력을 끼치고 있다는 점을 보여주는 후속 연구들이 발표되었지만(Lewis-Beck 2006; Lewis-Beck, Nadeau, and Elias 2008), 경제투표 나아가 회고적 투표를 둘러싼 인과관계의 방향성 문제는 여전히 합의가 이루어지지 않은 상황이다.

회고적 투표와 경제투표가 사실상 같은 개념인 것처럼 인식될 정도로 많은 연구가 경제 상황의 변화 및 그에 대한 인식에 초점을 맞추어 논의를 진행하고 있지만, 최근 몇몇 연구는 경제 상황과는 구별되는 또 다른 회고적 평가의 기준을 경험적으로 증명하고 있다. 예를 들어 의회와의 협상을 통해 중요한 입법 성과를 만들어내거나 국제사회에서 외교적 성과를 거두었을 때 대통령의 국정운영에 대한 평가가 긍정적으로 변화하는 것은 놀라운 일이 아니다. 비슷한 맥락에서 미국 선거를 대상으로 한 분석에서 해외에서 벌어진 군사 분쟁에서 얼마나 많은 미군이 사망했는가가 현직 대통령 및 집권 여당 소속 후보의 득표율에 유의미한 영향을 끼치는 현상이 관찰되었다(Hibbs 2000; Grose and Oppenheimer 2007; Karol and Miguel 2007; Kriner and Shen 2007). 지방정부 수준에서도 시민들이 일상적으로 접하는 공공서비스를 얼마나 긍정적으로 평가하는가가 해당 자치단체의 현직자에 대한 지지에 유의미한 영향을 끼치는 사례가 확인된 바 있다(Berry and Howell 2007; Boyne, et al. 2009). 이러한 연구들은 경제에만 국한되지 않는 다양한 영역에 걸쳐 유권자들이 내리는 회고적 평가가 투표선택에 실질적인 영향을 끼치고 있다는 사실을 보여주고 있다는 점에서 중요한 의미를 가지고 있다(Healy and Malhotra 2013, 295).

2. 회고적 투표 이론에 대한 비판

대의제 민주주의 하에서 회고적 투표가 가지는 중요성은 유권자들이 높은 수준의 정치 지식과 세련도를 갖추고 있지 못하더라도 대통령의 국정운영 및 그에 따른 경제 상황의 변화라는 단순하고 직관적인 기준을 사용하여 효과적으로 정치적 책임성을 확보할 수 있다는 점에 있다. 즉 개인적 경험 혹은 미디어를 통해 접하는 국가 경제 상황에 대한 뉴스는[04] 유권자들로 하여금 정부의 능력을 평가하고 자신의 정치적 효용을 극대화할 수 있는 대안을 선택하기 위해 쉽게 활용할 수 있는 정보의 첩경(informational shortcuts)으로 기능한다는 것이다. 그러나 최근의 몇몇 연구들은 이러한 회고적 투표의 역할에 대해 의문을 제기하고 있다(Healy and Malhotra 2013). 이들 연구에 따르면 유권자들은 단순히 정치 지식과 세련도를 갖추지 못하고 있을 뿐만 아니라, 오히려 회고적 평가를 형성하는 데 있어서 혹은 평가를 투표선택으로 연결하

---

04 물론 미디어가 국가 경제 상황을 보도하는데 있어서 어떠한 프레임을 활용하는가에 따라 유권자의 평가 나아가 회고적 투표행태가 왜곡될 가능성은 존재한다(Hetherington 1996).

는 데 있어서 감정적 혹은 인지적 오류를 범하곤 한다. 그리고 이러한 오류들은 단순히 무작위적인 잡음(random noise)으로 전체 유권자 집단 차원에서 상쇄되는 것이 아니라(e.g., Page and Shapiro 1992), 유권자들의 집단적인 의사결정과 정치적 책임성 확보에 체계적인 왜곡을 가져올 수 있다는 것이다.

회고적 투표에 있어서 발생할 수 있는 첫 번째 왜곡은 국정운영의 결과 혹은 국가 경제 상황의 변화의 책임을 누구에게 물을 것인가와 관련된다. 앞서 논의했듯이 많은 연구가 국정운영의 책임이 명확하지 않은 정치적·제도적 맥락 하에서는 회고적 투표의 영향력이 감소한다는 것을 보여주고 있다(Anderson 2007). 그러나 이러한 제도적·환경적 수준에서 나타나는 "책임의 명확성(clarity of responsibility)"의 차이와는 별개로 개별 유권자 수준에서도 국정운영의 책임 소재에 대한 인식에 있어서 왜곡이 발생할 수 있다.

최근 이루어진 정치심리학 분야의 연구는 유권자들이 새로운 정보를 접할 때마다 기존의 태도와 생각을 갱신하는(Bayesian update) 합리적 존재가 아니라고 주장한다. 이는 사람들이 정치적 대상을 평가하는 데 있어서 올바른 평가를 내리고자 하는 동기뿐만 아니라 자신이 기존에 이미 가지고 있던 평가를 유지하고자 하는 동기가 함께 작용하기 때문이다(Kunda 1990). 다시 말해서 정치적 대상에 대한 평가는 객관적으로 이루어지지 않으며, 기존의 평가와 생각을 유지하려는 방향으로 동기화되어(motivated) 이루어진다는 것이다. 따라서 만일 기존의 성향과 배치되는 정보를 접하게 되는 경우 사람들은 (1) 해당 정보를 반박·폐기하거나, (2) 기존의 성향에 부합하는 정보를 추가로 찾음으로써 상반된 정보를 서로 상쇄시키기 위해 노력하거나, 혹은 (3) 같은 정보라도 기존의 성향에 부합하는 방향으로 다르게 해석하는 등 왜곡된 정보처리 과정을 거치게 된다(Gaines et al. 2007; Lodge and Hamill 1986; Lodge and Taber 2000; Redlawsk 2002; Taber and Lodge 2006).

이와 같은 동기화된 사고 과정(motivated reasoning)은 국정운영의 성공과 실패의 책임을 누구에게 묻는가에 대해서도 마찬가지로 적용될 수 있다. 일반적으로 사람들은 자신이 소속된 집단, 즉 내집단(in-group)을 칭찬하고 소속되지 않은 외집단(out-group)을 비난함으로써 자존감(self-esteem)을 유지하는 방향으로 부정적인 결과의 책임을 돌리는 경향이 있다(Miller and Ross 1975). 특히 특정 정당에 대한 지지 여부는 다른 이슈나 후보에 대한 태도에 강력한 영향을 끼친다는 점에서 이러한 책임 귀인(responsibility attribution)이 강력하게 작용할 수 있다. 즉 집권 여당을 지지하는 유권자들은 국정운영의 성과는 대통령과 여당에 돌리는 반면에 실패의 책임은 야당-심지어 야당 소속의 전임 대통령-에게 묻게 된다는 것이다(Gerber and Huber 2009; Lebo and Cassino 2007; Marsh and Tilley 2010; Nawara 2015; Peffley 1984; Rudolph 2003, 2006; Sirin and Villalobos 2011; Tilley and Hobolt 2011; 길정아·하상응 2019).[05] 결과적으로 회고적 투표

05 여기에서 책임 귀인의 문제는 앞서 언급했던 것과 같이 단순히 집권 여당을 지지하는 유권자들이 경제 상황을 보다 긍정적으로 평가하는 현상과는 개념적으로 구

는 모든 유권자들에게 동일한 방향과 수준으로 나타나는 것이 아니라, 어떤 정당을 지지하는가에 따라 비대칭적으로 나타나게 될 수 있다.

실제로 최근 한국의 선거에서는 상당수의 유권자가 국정운영 실패의 책임을 여당이 아닌 야당에게 묻는 현상이 발견되었다. 예를 들어 제19대와 제20대 총선에서 집권 여당인 새누리당은 대통령의 국정운영 실패를 심판해야 한다는 야당의 주장에 대해 오히려 국정운영에 협조하지 않는 야당에 대한 역-심판론을 제기하였으며, 당시 조사에 따르면 상당히 많은 수의 유권자들이 새누리당의 주장에 공감을 표시했다(장승진 2012, 2016). 마찬가지로 제18대 대통령선거에서도 야당의 정권심판론에 대해 여당은 이전 정부의 청와대에서 핵심적인 역할을 수행한 민주통합당의 문재인 후보가 참여정부의 실책에 대해 책임져야 한다는 노무현 정권 재-심판론을 내세웠고, 역시 유권자들에게 상당한 호소력을 발휘했다(이내영·안종기 2013; 장승진·길정아 2014). 이러한 현상은 한국 유권자들 사이에서도 부정적인 회고적 평가의 책임을-지지 정당이나 이념성향에 따라-서로 다른 정당에게 묻는 현상이 나타났을 가능성을 시사하고 있다.

동기화된 사고에 따른 책임 귀인 현상 외에도 여러 가지 이유로 유

분되어야 한다. 후자의 경우는 지지 정당에 따라 객관적인 조건을 서로 다르게-상황에 따라서는 왜곡되게-인식하는 현상이라면, 동기화된 사고에 따른 책임 귀인의 경우는 객관적인 조건에 대해서는 동일하게 인식한다고 하더라도 그러한 조건을 초래한 책임을 누구에게 묻는가와 연관된다는 점에서 차이가 있다.

권자들의 회고적 투표에 왜곡이 나타날 수 있다. 예를 들어 유권자들은 자연재해와 같이 정치인들이 통제할 수 없는 사건이 발생하는 경우에도 집권 여당 소속 후보를 처벌하곤 한다(Achen and Bartels 2002; Healy, Malhotra, and Mo 2010; Huber, Hill, and Lenz 2012). 물론 자연재해가 발생한 이후 정부의 대처에 대한 평가가 현직자에 대한 투표에 유의미한 영향을 끼치는 것은 자연스러운 현상이라고 할 수 있지만(Gasper and Reeves 2011; Healy and Malhotra 2009), 현실에서는 정치와 아무런 관련이 없는 자연재해의 발생 그 자체만으로도 정치적 유불리가 갈리는 현상이 나타나기도 한다는 것이다.[06]

또한 많은 유권자가 근시안적(myopic)이기 때문에 현직자의 업적 전체를 고려하지 못하고 단기적인 성과에 초점을 맞추어 회고적 평가를 내리기도 한다. 예를 들어 현직자의 임기 전반을 종합적으로 평가하기보다는 선거에 임박한 시기의 변화에 지나치게 많은 가중치를 둔다거나(Achen and Bartels 2004; Bechtel and Hainmueller 2011; Hill, Huber, and Lenz 2012) 혹은 장기적인 차원에서 유권자들에게 도움이 되는 정책보다는 당장 성과가 나타날 수 있는 정책을 보다 중시하는(Healy and Malhotra

---

06 대표적인 예로 한 연구(Achen and Bartels 2002)는 상어에 의한 인명피해 정도가 해당 지역에서 여당 소속 대선 후보가 받은 지지율에 영향을 끼쳤다고 주장하며, 이는 이후 회고적 투표가 매우 왜곡된 형태로 나타난다는 대표적인 증거로 받아들여졌다. 그러나 또 다른 후속 연구는 보다 포괄적인 자료를 분석하여 이러한 결론이 과장되었으며, 실제로는 당시 상어에 의한 인명피해와 선거 결과 사이에는 별다른 관련이 없다는 증거를 제시하기도 한다(Fowler and Hall 2018).

2009) 등의 현상들이 종종 관찰된다. 또한 유권자의 회고적 평가는 객관적인 조건의 변화에 의해서뿐만 아니라 현직자의 집권 당시 가지고 있던 기대치(expectation setting)가 얼마나 높았는가에 의해서도 영향을 받을 수 있다(Malhotra and Margalit 2014). 즉 애초에 기대치가 높았던 대통령의 경우에는 비슷한 국정운영 성과에도 불구하고 부정적으로 평가받을 수 있다는 것이다. 이러한 결과가 보여주는 것은 유권자의 기억에는 분명한 한계가 있으며, 국정운영 성과를 합리적으로 평가하는 일은 쉽지 않다는 것이다.

그러나 유권자의 인지적 한계를 지적하는 것이 회고적 투표가 가지는 중요성을 부정하는 것으로 이해되어서는 안 된다. 오히려 이상과 같은 연구의 결과는 역으로 대의제 민주주의 하에서 정치적 책임성을 확보하기 위해 무엇이 필요한지 보여주고 있다고 할 수 있다. 예를 들어 일련의 실험 결과에 따르면 비록 유권자의 기존 정치적 성향에 따라 정책적 실패의 책임을 누구에게 묻는가가 달라지는 것은 사실이지만, 동시에 책임 소재에 대한 정확한 정보가 신뢰할 수 있는 출처로부터 제공된다면 동기화된 사고에 따른 책임 귀인의 문제가 크게 완화된다(Hobolt, Tilley, and Wittrock 2013; Malhotra and Kuo 2008). 또한 유권자들이 현직자의 임기 전반에 걸친 종합적인 업적보다는 선거에 임박한 시기의 변화에 초점을 맞추어 회고적 투표를 하는 것은 이상적인 선택을 위해 요구되는 완전한 정보를 획득하는 것이 여의치 상황에서 손쉽게 획득할 수 있는 휴리스틱스(heuristics)를 사용하고자 하는 시도라고 해석할 수도 있다(Healy and Lenz 2013). 따라서 오히려 중요한 문제는 단순히 회고적 투표의 중요성을 깎아내리는 것이 아니라, 정부 혹은 언론과 미디어가 어떻게 국정운영 성과에 대한 적절한 정보를 제공하여 유권자의 회고적 평가와 합리적 선택을 도울 수 있도록 유도할 것인가에 대한 고민이라고 할 수 있다.

3. 한국 선거에서의 회고적 투표

회고적 투표에 관한 대부분의 연구는 민주주의와 정당정치의 역사가 상대적으로 오래된 서구 국가를 대상으로 이루어졌으며, 한국을 비롯한 신생 민주주의 국가를 대상으로는 상대적으로 연구가 부족하다. 특히 신생 민주주의 국가들은 선거를 통한 정권교체의 경험이 많지 않고 정당 간 이합집산이 자주 발생하기 때문에 회고적 평가와 투표선택 사이의 관계가 왜곡될 가능성도 충분하다(Lewis-Beck and Stegmaier 2008; Roberts 2008).

한국의 선거에서 유권자들이 현직 대통령의 국정운영에 대한 회고적 평가를 기준으로 투표하는 경향이 있는가에 대해서는 상반된 증거가 공존한다. 한국 유권자의 회고적 투표행태에 대한 분석이 본격적으로 시작된 것은 제17대 대통령선거부터이다. 이전까지의 선거는 민주화 이전부터 한국 정치를 지배해 왔던 소위 3김 정치인들의 영향력이 유지되는 상황에서 현직 대통령에 대한 평가보다는 이들이 누구를 지지하는가에 따라 유권자의 투표선택이 달라졌다면, 3김이 정치 일선에서 퇴장한 이후에는 과거와 달리 현직 대통령에 대한 평가가 중요한 요인으로 작용해 유권자의 선택에 영향을 끼칠 수 있었다(가상준 2008, 52-53). 실제로 제17대 대통령선거에서 노무현 대통령의 국정운영에 대한 평가가 부정적이고 노무현 정부에 대한 심판의 의미로 선거를 이해하는 입장이 강할수록 정동영 후보 대신 이명박 후보를 지지할 확률이 크게 증가하였다(가상준 2008; 강원택 2008a).

그러나 이후의 연구에 따르면 제17대 대통령선거와는 달리 제18대 대통령선거에서는 유권자들의 회고적 투표행태가 그리 강하게 나타나지 않았다. 이명박 대통령의 국정운영에 대한 지지도는 2012년 중반에 10%대까지 하락하였고, 이후 다소 상승하기는 했지만 제18대 대선이 치러진 12월에도 20%를 간신히 넘는 수준이었다. 그러나 현직 대통령에 대한 낮은 지지율에도 불구하고 여당 소속의 박근혜 후보가 대통령에 당선되었으며, 실제로 유권자 수준에서 이루어진 경험적 분석 역시 이명박 정부에 대한 유권자의 회고적 평가가 투표선택에 유의미한 영향을 끼치지 않았다고 보고하고 있다. 예를 들어 이내영·안종기(2013)는 제18대 대선에서 회고적 투표가 나타나지 않은 이유가 많은 유권자가 이명박 대통령에 대한 회고적 평가보다는 박근혜 후보에 대한 전망적 평가에 기반을 두어 선택했기 때문이라고 주장한다. 즉 박근혜 후보의 국정운영 능력을 긍정적으로 평가하는 유권자라면 이명박 대통령의 국정운영에 대한 부정적 평가에도 불구하고 여전히 박근혜 후보에게 투표했고, 비슷한 맥락에서 앞으로의 한국 경제 상황을 긍정적으로 평가하는 유권자라면 이명박 정부 동안의 한국 경제 상황에 대한 부정적 평가에도 불구하고 여전히 박근혜 후보를 지지했다는 것이다.

한국은 5년 단임제 대통령제를 채택하고 있기 때문에 현직 대통령이 재선에 도전하는 일은 발생하지 않으며, 이에 따라 대통령선거에서 회고적 평가가 투표선택에 끼치는 영향력이 상대적으로 두드러지지 않을 가능성이 있다. 이러한 특성이 단적으로 드러나는 것이 한국 대통령선거에서의 경제투표이다. 제18대 대통령선거는 물론이고 제17대 대통령선거나 혹은 그 이전의 선거에서조차도 한국 유권자의 경제투표를 다룬 연구들은 일관되게 국가 경제에 대한 회고적 평가가 투표선택에 끼친 영향은 상대적으로 제한적이지만 미래 경제 상황에 대한 전망적 평가가 더 큰 영향을 끼쳤다고 보고하고 있다(강우진 2013; 권혁용 2008; 박선경 2019; 이재철 2008; 이현우 1998; 황아란 2000).

물론 그렇다고 해서 한국의 대통령선거에서는 회고적 투표가 잘 나타나지 않으며 제17대 대통령선거가 예외적이었다고 성급하게 결론을 내리기는 어렵다. 한국 유권자들의 회고적 투표행태를 다룬 대부분의 연구가 공통으로 범하고 있는 문제점은 대통령의 국정운영에 대한 평가 및 국가 경제 상황에 대한 회고적 혹은 전망적 평가가 실제로 선거에서 투표한 시점 이후에 측정된 선거후조사를 사용하고 있다는 점이다. 이 경우 전망적 평가와 투표선택 사이에 존재할 수 있는 인과관계의 방향성이 불확실해질 수 있다. 다시 말해서 유권자들은 긍정적인 전망적 평가로 특정한 후보를 선택했을 수 있지만, 동시에 다른 이유로 해당 후보를 선택한 후 자신의 선택을 합리화하기 위해 긍정적인 전망적 평가를 내렸을 수도 있다. 이러한 가능성을 고려하지 않은 분석을 통해 발견된 전망적 평가의 영향력은 실제보다 상당히 과장되었을 가능성이 있다. 실제로 한 연구(장승진·길정아 2014)에 따르면 패널(panel) 자료 및 도구변수(instrumental variable)을 사용하여 인과관계의 방향성 문제를 통제하고 제18대 대통령선거의 투표선택을 다시 분석한다면 전망적 투표의 증거로 제시된 전망적 경제 평가 및 후보자 특성에 대한 인식은 유권자의 투표선택에 유의한 영향을 끼치지 못했던 반면에, 이명박 정부에 대한 회고적 평가의 영향력이 명확하게 드러나는 것으로 나타났다.

단임제 하에서의 대통령선거와는 달리 대통령의 임기 중 실시되는 국회의원총선거의 경우 유권자의 회고적 투표행태가 훨씬 두드러지게 나타날 가능성이 있다. 그러나 예상외로 한국의 총선을 대상으로 유권자들의 회고적 투표행태를 분석한 예는 그리 많지 않으며 그 결과 또한 일관적이지 않다. 예를 들어 강원택(2012)와 황아란(2012)은 제19대 총선이 대통령의 임기 후반에 실시되었고 실제로 지지도 역시 낮았음에도 불구하고 실제 유권자들의 투표선택에는 이명박 대통령의 국정운영에 대한 회고적 평가가 아니라 8개월 후로 예정된 제18대 대통령선거를 염두에 둔 전망적 평가가 중요한 영향을 끼쳤다고 주장하고 있다. 반면에 장승진(2012)의 경우 제19대 총선에서도 정권심판론에 기반한 회고적 투표가 중요하게 작용하였으며, 다만 선거 이전의 예상과는 달리 새누리당이 승리할 수 있었던 원인은 정서적 차원에서 유권자가 가지고 있는 각 정당에 대한 호불호에 있다고 주장한다. 또한 장승진(2016)은 비록 제20대 총선에서 야당이 제기한 정권심판론과 여당이 제기한 야당심판론 그리고 제3정당이 제기한 기성정치권 심판론 등 세 가지 서로 다른 차원의 심판론이 동시에 제기되었지만, 결국 이 중 정권심판론이 유권자의 투표선택에 가장 일관된 영향을 끼쳤다고 주장한다.

최근에 실시된 제21대 총선의 경우 코로나19 팬데믹 상황에서 치러졌다는 점이 특징적이었으며, 결과적으로 방역 문제가 선거의 가장 중요한 요인으로 떠올랐다. 실제로 몇몇 연구는 정부가 코로나19에 얼마나 잘 대처한다고 평가하는가가 여당 후보에 대해 투표할 확률에 유의미한 영향을 끼쳤으며, 결과적으로 방역 문제와 관련한 긍정적인 회고적 평가가 여당이 과반 의석을 상회하는 압도적인 승리를 거두는데 상당히 기여했다는 점을 보여주고 있다(박선경 2020; 신정섭 2020). 그러나 동시에 다른 연구는 특정한 정당을 지지하는 유권자들은 대통령의 코로나19 대응 평가에 관계없이 선호하는 정당 및 소속 후보를 선택했다는 점에서 제21대 총선에서도 회고적 투표의 영향력은 미미했다고 주장한다(길정아·강원택 2020). 이는 코로나19 관련 정부 대응에 대한 평가 역시 기존의 당파적 성향으로부터 자유롭지 못하기 때문에, 애당초 대통령에 대한 호감도가 낮은 사람들은 설사 정부의 코로나19 대응을 긍정적으로 평가해도 이를 대통령의 성과로 인정하지 않을 가능성이 높기 때문이다(배진석 2021).

흥미롭게도 한국의 선거 중 유권자들의 회고적 투표행태에 대한 연구가 가장 많이 이루어지고 실제로 대통령의 국정운영에 대한 회고적 평가의 영향력이 가장 일관되게 나타나는 것은 주로 지방선거나 국회의원 재·보궐선거이다. 이는 중앙권력의 향배를 직접적으로 결정하지 않는 선거에서는 자신이 지지하지 않는 정당 또는 후보가 당선되었을 때 감수해야 할 비용이 크지 않고 따라서 유권자들이 상대적으로 자유롭게 정부의 국정운영과 정책에 대한 정치적 불만을 지지 변경이나 투표 불참 등의 형태로 표출할 수 있기 때문이다(강원택 2004, 149). 실제로 민주화 이후 실시된 대부분의 지방선거와 재·보궐선거는 지역 차원의 선거임에도 불구하고 중앙정치 차원의 쟁점이 주목받는 가운데 대통령의 국정운영에 대한 추인 혹은 심판이라는 정치적 의미를 부여받았다. 결과적으로 여당과 야당 모두 중앙당이 선거과정에 적극적으로 개입하는 대리전의 양상을 보였으며, 유권자의 상당수가 대통령의 국정운영에 대한 회고적 평가를 기준으로 투표하는 경향이 발견되었다(강원택 2004; 김진하 2010; 오현주 외 2014; 이내영·정한울 2007; 조진만 2005; 조진만·최준영·가상준 2006; 최준영·조진만 2011; 황아란 2013).

이상에서 살펴본 바와 같이 지방선거와 재·보궐선거를 제외하고 한국의 전국 단위 선거에서 회고적 평가가 투표선택에 끼치는 영향력에 대해서 여전히 명확한 결론이 나지 않고 있다. 서로 다른 선거는 물론이고 심지어 동일한 선거를 대상으로 한 연구에서조차도 상반된 결과가 제시되는 것이 사실이다. 회고적 투표가 민주주의 책임성과 관련하여 가지는 이론적·경험적 중요성에 비추어보았을 때 한국 선거에서 회고적 투표가 차지하는 역할과 의미에 대한 본격적인 검토와 논쟁이 요구된다고 할 수 있다.

가장 우선적으로 살펴봐야 할 질문은 과연 한국 유권자들이 과연 회고적 투표를 하는가이다. 이 질문은 다시 두 가지의 세부 질문으로 나누어질 수 있다. 첫 번째로 한국 유권자들이 선거에 임해 현직 대통령의 국정운영에 대한 회고적 평가를 중요한 투표 선택 기준으로 활용한다는 경험적 증거를 확인해야 한다. 그리고 이러한 확인의 중요성은 앞서 언급했듯이 현직 대통령이 출마하지 않는 단임제 대통령제라는 제도적 특징으로 인해 대통령선거에서 특히 중요한 의미를 가진다. 따라서 지지 정당이나 이념 성향, 그리고 후보에 대한 평가 등의 다른 요인들을 통제한 이후에도 현직 대통령의 국정운영에 대한 회고적 평가가 대통령선거의 투표선택에 유의미한 영향을 끼친다는 경험적 증거를 확인할 필요가 있다.

두 번째로 단순히 회고적 평가가 투표선택에 끼치는 영향력을 확인하는 것을 넘어서 이러한 회고적 평가가 얼마나 객관적으로 이루어지는지 확인할 필요가 있다. 만일 여당을 지지하는 사람들은 무조건적으로 대통령의 국정운영을 긍정적으로 평가하고, 야당을 지지하는 사람들은 객관적인 상황 및 정보와 무관하게 대통령의 국정운영을 부정적으로 평가한다면, 설사 회고적 평가가 투표선택에 끼치는 영향력이 경험적으로 확인한다고 해도 이를 회고적 투표의 증거로 받아들이기 어렵다. 따라서 지지 정당이나 이념 성향의 차이에도 불구하고 한국 유권자들이 회고적 평가를 객관적으로-혹은 최소한 지나친 왜곡 없이-형성한다는 경험적 증거를 확인할 필요가 있다.

마지막으로 대답해야 할 질문은 한국 유권자들이 어떠한 회고적 평가를 투표선택에 활용하는가이다. 일반적으로 회고적 투표를 다루는 분석은 선거 수준과 무관하게 대통령의 국정운영 혹은 국가 경제의 변화에 대한 평가에만 초점을 맞추는 경향이 있다. 대통령제하에서 대통령이 가지는 정치적 중요성에 대해서는 이견의 여지가 없으며, 따라서 국가 수준의 회고적 평가에 초점을 맞추는 것은 당연하다고 할 수 있다. 그러나 국회의원선거나 지방선거는 각기 국회와 지방정부를 구성하기 위한 선거이며, 따라서 해당 정치적 행위자에 대한 회고적 평가가 대통령에 대한 평가와는 독립적으로 작동할 가능성이 있다. 그리고 이러한 가능성은 단순한 이론적 호기심이라는 차원을 넘어서, 과연 한국 유권자들의 회고적 투표에 있어서 평가의 대상과 선택의 대상 사이에 얼마나 일관성이 존재하는지 따라서 한국 유권자들의 회고적 투표가 얼마나 합리적으로 이루어지는지를 살펴볼 수 있는 단초를 제공할 수 있을 것이다.

이어지는 장에서는 최근에 실시된 대통령선거와 국회의원총선거,

그리고 지방선거를 대상으로 위의 질문에 대한 답을 찾아보고자 한다. 이 책의 분석이 결론적으로 보여주는 것은 한국 유권자들 역시-다른 서구 민주주의 국가의 유권자들과 마찬가지로-회고적 평가를 투표선 택에서 적극적으로 활용하고 있으며, 이러한 회고적 투표는 기존에 생각하던 것보다 훨씬 더 체계적이고 합리적으로 이루어진다는 경험적 증거이다. 물론 이러한 주장과 증거가 회고적 평가야말로 한국 유권자들이 선거에서 지지 후보를 결정하는 가장 중요하거나 가장 올바른 기준이라는 것은 아니다. 유권자의 투표선택에는 수많은 요인들이 동시에 그리고 서로 상호작용하면서 영향을 끼치기 마련이며, 회고적 평가는 그중 하나에 지나지 않는다. 그러나 이어지는 장에서 보여주는 것은 지금까지 정당 지지, 이념성향, 혹은 매 선거마다 불거지는 다양한 선거이슈들에 가려져 그 의미가 제대로 부각되지 못했던 회고적 투표 또한 한국 선거를 이해하고 설명하기 위해 반드시 필요한 요소라는 사실이다.

PART 3

한국 대통령선거에서의 회고적 투표

2012년 제18대 대통령선거를 앞둔 11월 한 달 동안 이명박 대통령의 국정운영 지지도는 평균 24%에 그쳤으며 국정운영을 부정적으로 평가하는 비율이 65%에 달했다. 그러나 실제 선거에서는 집권 여당 소속의 박근혜 후보가 51.55%의 득표율로 승리를 거두었다. 반면에 2022년 제20대 대통령선거를 앞두고 현직 대통령인 문재인 대통령의 국정운영 지지도는 40%대를 꾸준히 유지하여 민주화 이후 어떤 대통령이 임기 말에 경험했던 것보다도 높은 수준이었지만, 정작 선거는 여당 후보인 이재명 후보가 근소한 차이로 패배하는 것으로 마무리되었다. 물론 선거 결과는 수많은 다양한 요인이 결합하여 결정되는 것이며, 현직 대통령의 지지율이 높거나 낮다고 해서 반드시 여당 혹은 야당 후보의 승리가 보장되는 것은 아니다. 그러나 앞서 언급한 몇몇 대통령선거의 결과는 최소한 회고적 투표 이론의 주장과는 배치되는 것처럼 보이는 것은 사실이다. 과연 현직 대통령의 국정운영에 대한 평가는 차기 대통령을 선택하는 유권자의 계산에 포함되지 않는가?

1. 이론적 논의

유권자의 투표행태와 관련한 체계적인 이론을 처음으로 제시한 미시간 학파(Michigan school)에 따르면 유권자가 어떤 후보에게 투표하는가에 가장 큰 영향을 끼치는 요인은 정당일체감(party identification)이다. 스스로를 특정한 정당 혹은 그 지지자 집단(partisan group)과 정서적(affective)으로 동일시하는 심리를 의미하는 정당일체감은 개인의 사회적 정체성의 일부로서, 정치적 이해관계에 따른 합리적 계산과는 거리가 멀다(Campbell et al. 1960; Green, Palmquist, and Schickler 2002; Miller and Shanks 1996). 정당일체감은 구체적인 쟁점에 대한 태도나 후보에 대한 평가에 매우 강력한 영향을 끼치기 때문에, 비록 유권자들은 정치적 사안에 대한 지식이나 일관적인 이념적 구조(ideological structure)를 갖추고 있지 않더라도(Campbell et al. 1960; Converse 1964) 정당일체감에 기대어 특정 후보를 선택할 수 있다.

그러나 정당일체감이 가지는 이론적·경험적 중요성에도 불구하고, 유권자들이 자신이 소속감을 느끼는 정당의 후보를 무조건적으로 지지하는 맹목적인 존재라고 치부할 수는 없다. 실제로 미시간 학파의 이론이 등장한 것과 비슷한 시기에 키(Key 1966, p. 7)는 "유권자는 바보가 아니다(voters are not fools)"라고 일갈하며, 유권자가 자신들의 정치적 선호에 부합하는 방향으로 투표선택을 변화시킨다고 주장했다. 실제로 이후의 연구는 유권자의 정책선호나 정부의 국정운영에 대한 평가가 그들의 정당일체감, 나아가 투표 선택에 체계적인 영향을 끼친다는 점을 보여주었다(Erikson, MacKuen, and Stimson 2001; Fiorina 1981; Franklin and Jackson 1983). 다시 말해서 유권자들이 당파적(partisan)이라는 사실이 비합리적이라는 의미는 아니라는 것이다.

유권자의 투표선택이 가지는 합리적 성격을 보여주는 대표적인 예가 이념성향이 투표선택에 끼치는 영향력이다. 다운즈(Downs 1957)의 선구적 연구 이후 공간 모형(spatial models)으로 체계화된 이론에 따르면 유권자는 진보-보수의 이념적 스펙트럼에서 자신의 선호와 가장 가까운 거리에 위치한 후보를 지지한다. 이때 이념적 스펙트럼 위의 특정 위치는 다양한 영역에 걸친 정책 선호(policy preferences)의 총합을 의미하며, 스펙트럼 위의 거리는 유권자 본인이 원하는 정책과 해당 후보가 추구하는 정책 사이의 차이가 얼마나 큰지를 보여준다. 다시 말해서 유권자들은 각 후보가 당선되었을 때 실현할-혹은 실현하겠다고 약속하는-정책을 파악하고 그 중 어떤 것이 자신에게 가장 큰 효용을 가져올 것으로 기대되는지 판단하여 투표한다는 것이다. 결과적으로 진보 성향의 유권자는 진보적인 후보에게 투표하고 보수 성향의 유권자는 마찬가지로 보수적인 후보에게 투표하게 되며, 이는 미래에 대한 전방적 투표의 한 유형이라고 할 수 있다.

흔히 정당일체감과 같은 당파적 성향에 따라 투표하기보다는 각 후보가 제시하는 공약과 정책을 꼼꼼하게 비교하여 전망적으로 투표하는 것이 바람직한 유권자의 자세라고 간주된다. 하지만 이와 같은 전망적 투표를 위해서는 유권자가 주요 이슈에 대한 각 후보의 입장을 정확히 파악하고 있어야 한다는 점에서 상당한 수준의 정치적 세련도 (political sophistication)를 요구하지만, 현실에서 대부분의 유권자들이 이러한 기준을 충족하기는 어려운 것이 사실이다(Delli Carpini and Keeter 1996). 더구나 선거과정에서 후보가 제시한 공약과 정책은 기본적으로 미래에 대한 약속이라는 점에서 얼마나 신뢰할 수 있는 정보를 제공해 줄 수 있을지도 불분명하다.

이러한 측면에서 회고적 투표는 간단한 평가 기준을 사용하여 정치인들에게 정치적 책임을 묻고 결과적으로 유권자가 원하는 정책 결과를 이끌어낼 수 있다는 점에서, 정치에 대한 관심과 지식을 충분히 갖추고 있지 않은 평범한 유권자가 손쉽게 사용할 수 있는 투표선택 기준이 될 수 있다. 예를 들어 1980년 미국 대통령선거를 앞두고 진행된 TV토론에서 레이건(Ronald Reagan)은 유권자들에게 "지난 4년간 내 삶이 얼마나 나아졌는가(Are you better off than you were four years ago?)"라는 질문을 스스로에게 던지고 그 대답에 따라 현직 대통령인 카터 (Jimmy Carter)와 자신 사이에서 선택을 내리라고 이야기한 바 있다. 임기 동안 대통령의 국정운영을 얼마나 긍정적 혹은 부정적으로 평가하는가는 유권자들이 대통령-으로 인한 스스로의 삶의 변화-에 대해 어떠한 생각과 느낌을 가지고 있는가를 간단한 찬반 의견으로 종합하도록 함으로써 효율적이고도 유용한 투표 선택 기준이 될 수 있다 (Newport and Saad 2021).

물론 대통령의 국정운영에 대한 평가가 반드시 중립적으로 이루어진다고 볼 수는 없다. 예를 들어 특정한 정당을 지지하는 유권자라면 해당 정당 소속의 대통령에 대해서는 국정운영의 객관적 결과와는 무관하게 다른 정당 지지자에 비해 상대적으로 더 긍정적으로 평가할 가능성이 높다. 따라서 회고적 투표의 증거를 찾는 것은 단순히 현직 대통령의 국정운영에 대해 긍정적으로 평가하는 유권자들이 여당 후보에게 투표했는가를 살펴보는 것을 넘어서, 다른 대안적인 투표선택 기준들-대표적으로 정당일체감 및 이념적 고려 등-을 통제한 이후에도 현직 대통령에 대한 평가가 여전히 투표선택에 여전히 독립적인 영향을 끼치는지 확인할 필요가 있다. 그리고 이 장에서는 2017년에 실시된 제19대 대통령선거와 2022년에 실시된 제20대 대통령선거를 대상으로 이러한 증거를 확인하고자 한다.

2. 제19대 대통령선거 분석

제19대 대통령선거는 현직 대통령이 탄핵당한 초유의 상황에서 예정보다 앞선 2017년 5월에 실시되었다. 그러나 탄핵 자체는 선거 과정에서 전혀 쟁점이 되지 못했다. 국회가 박근혜 대통령에 대한 탄핵소추를 의결하고 헌법재판소가 탄핵결정을 인용하기까지 각종 여론조사에서 탄핵에 찬성하는 여론은 지속적으로 80%를 전후를 기록할 정도로 압도적이었으며,[01] 주요 후보들은 모두 탄핵에 찬성하는 입장을 표명하였다. 또한 소위 국정농단 사태가 벌어진 이후 대통령의 권한을 박탈당하기 직전까지 박근혜 대통령의 국정운영을 긍정적으로 평가하는 비율은 5% 남짓에 그치는[02] 등 어찌 보면 제19대 대통령선거에서 박근혜 대통령은 변수로 작용할 여지가 거의 없었다고 할 수 있다. 과연 이러한 상황에서도 박근혜 대통령의 국정운영에 대한 회고적 평가는 여전히 유권자의 주요한 선택 기준 중 하나로 작용하였는가?

(1) 데이터와 변수 조작화

제19대 대통령선거에서 나타난 회고적 투표를 살펴보기 위하여 두 가지 설문조사 자료를 사용하였다. 첫 번째는 중앙선거관리위원회와 한국정치학회의 의뢰로 한국사회과학데이터센터(KSDC)가 선거 직후 실시한 설문조사이다. 두 번째로는 서울대학교 정치커뮤니케이션센터에서 역시 선거 직후 실시한 설문조사이다. 두 조사 모두 전국의 만18세 이상 유권자를 대상으로 성별, 지역별, 연령별 기준 바례할당추출

---

01 한국갤럽에서 실시한 주간 조사 결과에 따르면 국회가 탄핵소추를 의결했던 2016년 12월 둘째 주에는 탄핵에 찬성하는 비율이 81%였으며, 헌법재판소의 탄핵심판 결과가 발표되기 직전인 2017년 3월 첫 번째 주에는 탄핵에 찬성하는 비율이 77%로 조사되었다(한국갤럽 데일리 오피니언 제248호).

02 한국갤럽에서 실시한 주간 조사 결과에 따르면 2016년 11월 이후 탄핵이 결정되는 12월 둘째주까지 박근혜 대통령이 국정운영을 잘하고 있다는 응답은 4-5%에 그치는 반면에, 잘못하고 있다는 응답은 꾸준히 90%를 상회하였다(한국갤럽 데일리 오피니언 제239호).

을 통해 1200명의 표본을 추출하여 이루어졌다. 두 조사는 유사한 문항들을 공통으로 포함하고 있었지만, 분석을 위해 가장 중요한 변수인 박근혜 대통령의 국정운영에 대한 회고적 평가를 다소 다른 방식으로 측정하였다.

박근혜 대통령의 국정운영에 대한 평가를 중앙선관위/한국정치학회 조사에서는 "매우 잘못했다"부터 "매우 잘했다"에 이르는 4점 척도로 측정하였으며, 서울대학교 조사에서는 0부터 10점까지의 11점 척도를 사용하여 측정하였다. 탄핵을 당한 대통령이었던 만큼, 두 조사 모두에서 박근혜 대통령의 국정운영에 대해서는 부정적인 평가가 압도적이었다. 중앙선관위/한국정치학회 조사에서는 응답자의 92.7%가 매우 혹은 대체로 잘못했다고 평가하였으며, 서울대학교 조사에서는 응답자의 82.8%가 중간값인 5보다 낮은 점수를 부여하였다. 〈그림 3-1〉은 두 조사에서 측정된 박근혜 대통령의 국정운영에 대한 평가가 어떻게 분포되어 있는지 보여주고 있다.

제19대 대통령선거에서의 투표선택을 설명하기 위하여 박근혜 대통령의 국정운영에 대한 회고적 평가 외에도 다양한 정치적 성향과 태도를 고려하였다. 우선 응답자의 지지 정당과 진보-보수 이념성향이 분석모형에 포함되었다. 이와 더불어 탄핵이 촉발한 제19대 대통령선거의 특수성을 고려하여 탄핵을 찬성하는 촛불집회나 탄핵에 반대하는 소위 태극기집회에 참여한 경험이 있는지 여부를 통제하였다. 중앙선관위/한국정치학회 조사에서는 응답자의 13.75%와 1.17%가 각각

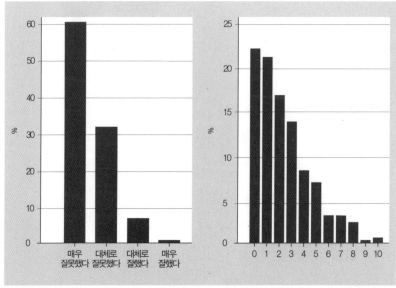

〈그림3-1〉 박근혜 대통령 국정운영 평가

주: 중앙선관위/한국정치학회(왼쪽), 서울대학교 정치커뮤니케이션센터(오른쪽).

촛불집회와 태극기집회에 참여한 경험이 있다고 대답했으며, 서울대학교 조사에서는 응답자의 14.25%와 4.25%가 각각 촛불집회와 태극기집회에 참여한 경험이 있다고 대답하였다. 이 외에도 지난 4년간의 국가경제 및 가계살림의 변화에 대한 경제적 평가, 정치적 관심도, 그리고 정치효능감 등이 통제되었다. 마지막으로 연령, 교육수준, 소득수준, 고용상태, 혼인상태, 성별 등의 기본적인 인구통계학적 정보 또한 통제되었다,

(2) 분석 결과

제19대 대통령선거에는 5명의 주요 후보가 출마하여 경쟁하였다. 이처럼 다자구도로 진행된 선거를 고려하여 이하의 통계분석은 다항로짓(multinomial logit) 모형을 사용하였다. 우선 〈표3-1〉에서는 응답자의 투표선택을 여당 후보인 홍준표 후보를 기준범주로 제1야당의 문재인 후보와 기타 후보로 구분하여 분석을 실시하였다. 한국 선거에서 나타나는 지역구도를 반영하여 17개 광역자치단체 기준으로 응답자의 거주지를 나타내는 가변인을 포함하였으며, 동시에 표준오차 또한 광역자치단체 수준에서 군집화된 강건표준오차(clustered robust standard errors)를 사용하였다.

두 조사에 대한 분석 결과 모두 제19대 대통령선거에서 박근혜 대통령의 국정운영에 대한 회고적 평가가 유권자의 투표선택에 통계적으로 유의미한 영향을 끼쳤다는 사실을 명확하게 보여주고 있다. 박근혜 대통령의 국정운영을 긍정적으로 평가할수록 여당 후보인 홍준표 후보 대신에 제1야당 후보인 문재인 후보에게 투표할 확률이 유의미하게 하락하였다. 보다 구체적으로 중앙선관위/한국정치학회 조사를 기준으로-다른 모든 변수들을 평균값에 고정했을 때-문재인 후보에게 투표할 확률은 박근혜 대통령의 국정운영을 가장 부정적으로 평가하는 유권자 사이에서 0.83이었으나, 가장 긍정적으로 평가하는 유권자 사이에서는 0.41로 크게 하락하였다. 반면에 홍준표 후보에게 투표할 확률은 박근혜 대통령의 국정운영을 가장 부정적으로 평가하는 유

<표3-1> 제19대 대통령선거의 투표선택

	중앙선관위/한국정치학회 조사				서울대학교 조사			
	Coefficients (Standard Errors)				Coefficients (Standard Errors)			
	문재인(vs. 홍준표)		기타 후보(vs. 홍준표)		문재인(vs. 홍준표)		기타 후보(vs. 홍준표)	
대통령 국정운영 평가	-1.023*	(0.338)	-0.437	(0.327)	-0.192*	(0.075)	-0.149#	(0.084)
민주당 지지	3.401*	(0.720)	-1.807#	(1.002)	2.259*	(0.422)	-0.218	(0.480)
자유한국당 지지	-3.022*	(0.513)	-3.218*	(0.466)	-3.036*	(0.460)	-3.481*	(0.565)
기타 정당 지지	0.878	(1.172)	4.099*	(1.102)	0.355	(0.655)	2.975*	(0.613)
진보-보수 이념성향	-0.606*	(0.119)	-0.283*	(0.116)	-0.528*	(0.120)	-0.387*	(0.127)
촛불집회 참여	0.722	(1.051)	1.232	(1.044)	2.338*	(1.094)	1.787	(1.119)
태극기집회 참여	-2.475#	(1.359)	-3.138*	(1.374)	-3.121*	(1.155)	-2.744*	(1.237)
가계살림 평가	0.087	(0.304)	0.243	(0.303)	-0.022	(0.240)	-0.081	(0.258)
국가경제 평가	-0.094	(0.310)	-0.288	(0.305)	0.208	(0.216)	0.167	(0.231)
정치 관심도	-0.025	(0.273)	-0.272	(0.264)	-0.280	(0.191)	0.053	(0.203)
외적정치효능감	-0.170	(0.374)	0.371	(0.363)	0.657*	(0.214)	0.575*	(0.225)
내적정치효능감	-0.044	(0.271)	-0.050	(0.267)	0.020	(0.289)	-0.151	(0.305)
연령	-0.025	(0.018)	-052*	(0.018)	-0.021	(0.014)	-0.061*	(0.016)
교육수준 (대졸 이상=1)	0.532	(0.470)	0.185	(0.463)	-0.352	(0.403)	-0.617	(0.420)
소득수준	0.064	(0.133)	0.012	(0.132)	0.074	(0.119)	0.132	(0.130)
고용상태 (정규직=1)	-0.268	(0.515)	0.340	(0.506)	0.419	(0.377)	0.446	(0.411)
고용상태 (비정규직=1)	-0.478	(0.667)	0.194	(0.636)				
고용상태 (자영업=1)	0.109	(0.528)	0.422	(0.518)				
혼인상태 (기혼=1)	0.064	(0.573)	0.437	(0.583)	0.027	(0.432)	0.815#	(0.491)
성별 (여성=1)	0.040	(0.422)	-0.217	(0.413)	0.044	(0.344)	0.051	(0.366)
거주 지역	Controlled		Controlled		Controlled		Controlled	
Pseudo R^2	0.6425				0.5600			
N	933				1039			

주: 광역자치단체 수준에서 응답자의 거주 지역을 통제하는 가변인들이 포함되었으나 여기에서는 생략되었다. 한국정치연구소 조사에서는 응답자의 고용상태에 대해 정규직 여부나 자영업을 가리지 않고 단순히 직업의 유무만을 물어보았다. *$p < 0.05$; #$p < 0.1$.

한국의 선거와 회고적 투표

자료: 중앙선관위/한국정치학회 조사.

권자 사이에서 0.01에 지나지 않았지만, 가장 긍정적으로 평가하는 유권자 사이에서는 0.14로 상승하였다. 〈그림3-2〉는 이러한 투표선택 확률의 변화를 시각적으로 보여주고 있다.

물론 대통령의 국정운영에 대한 회고적 평가 외에도 유권자의 지지정당, 진보-보수 이념성향, 그리고 촛불집회 및 태극기집회 참여 여부로 나타나는 탄핵에 대한 입장 등의 요인들 역시 주요 후보들 사이의 투표선택에 유의미한 영향을 끼치고 있다. 다만 〈표3-1〉이 보여주는 것은 이와 같이 일반적으로 투표선택에 영향을 끼치는-혹은 회고적 평가 자체에 영향을 줄 수 있는-다양한 요인들을 통제한 이후에도 여전히 회고적 평가가 투표선택에 독립적으로 중요한 영향을 끼치고 있다는 사실이다. 더구나 서로 다른 두 조사에서 박근혜 대통령의 국정운영에 대한 평가를 서로 다른 방식으로 측정했음에도 불구하고 일관된 결과가 도출되었다는 사실은 제19대 대통령선거에서 발견되는 회고적 투표의 중요성을 다시 한번 보여주고 있다고 할 수 있다.

〈표3-1〉의 결과는 분석의 편의를 위해 문재인과 홍준표 두 후보를 제외한 다른 후보들을 하나의 범주로 묶어서 다루었다는 점에서 제19대 대통령선거의 현실을 정확하게 반영하고 있지는 않다. 이러한 점에서 아래의 〈표3-2〉와 〈표3-3〉에서는 동일한 조사를 사용하면서도 조금 다른 통계모형을 사용한 분석 결과를 보여주고 있다. 우선 〈표3-1〉과는 달리 이하의 분석에서는 5명의 주요 후보들을 개별적으로 고려한 종속변수를 사용하였다. 이와 더불어 단순히 응답자의 진보-보수 이념성향을 고려하는 것이 아니라, 각 후보와 응답자 사이의 이념적 거리를 독립변수로 사용하였다. 그리고 이러한 변화를 반영하여 〈표3-2〉와 〈표3-3〉에서는 조건부 다항로짓(alternative-specific conditional logit) 모형을 사용하였다. 마지막으로 서울대학교 조사를 분석하고 있는 〈표3-3〉에서는 유권자의 투표선택에 영향을 끼칠 수 있지만 〈표3-1〉에서는 고려하지 않았던 새로운 요인으로서 동원(mobilization)을 추가로 모형에 포함하였다.[03] 보다 구체적으로 응답자의 부모님이 특

---

03 중앙선관위/한국정치학회 조사에서는 이에 해당하는 문항이 존재하지 않아서 분석에 포함시킬 수 없었다.

정 후보를 지지하는지 여부와 선거운동 기간 중에 특정 후보에게 투표
해달라고 부탁받은 경험이 있는지 여부가 포함되었다.

〈표3-2〉 제19대 대통령선거의 투표선택 (중앙선관위/한국정치학회 조사)

	Coefficients (Standard Errors)							
	문재인 (vs. 홍준표)		안철수 (vs. 홍준표)		유승민 (vs. 홍준표)		심상정 (vs. 홍준표)	
후보와의 이념거리	-0.304* (0.045)							
후보 소속 정당 지지	4.022* (0.231)							
대통령 국정운영 평가	-1.043*	(0.375)	-0.375	(0.393)	-0.692	(0.458)	-0.222	(0.475)
촛불집회 참여	1.108	(1.216)	1.306	(1.251)	1.977	(1.273)	1.322	(1.296)
태극기집회 참여	-3.053*	(1.513)	-3.781*	(1.651)	-17.93	(5507)	-1.328	(1.794)
가계살림 평가	-0.051	(0.336)	0.193	(0.359)	0.248	(0.423)	-0.004	(0.402)
국가경제 평가	-0.144	(0.352)	-0.065	(0.374)	-0.873#	(0.450)	-0.764#	(0.459)

주: 〈표3-1〉과 동일한 통제변수들이 포함되었으나 여기에서는 생략되었다. *$p < 0.05$; #$p < 0.1$.
자료: 중앙선관위/한국정치학회 조사.

〈표3-3〉 제19대 대통령선거의 투표선택 (서울대학교 조사)

	Coefficients (Standard Errors)							
	문재인 (vs. 홍준표)		안철수 (vs. 홍준표)		유승민 (vs. 홍준표)		심상정 (vs. 홍준표)	
후보와의 이념거리	-0.133* (0.044)							
후보 소속 정당 지지	3.043* (0.168)							
부모님의 지지 후보	0.758* (0.163)							
후보 지지 권유 경험	0.447* (0.215)							
대통령 국정운영 평가	-0.168*	(0.076)	-0.062	(0.089)	-0.219#	(0.118)	-0.180	(0.155)
촛불집회 참여	2.223#	(1.170)	2.014#	(1.200)	1.781	(1.299)	1.735	(1.326)
태극기집회 참여	-3.628*	(1.251)	-2.257#	(1.262)	-19.62	(1383)	-16.74	(2360)
가계살림 평가	-0.032	(0.249)	-0.062	(0.287)	-0.056	(0.347)	-0.289	(0.412)
국가경제 평가	0.122	(0.220)	0.181	(0.256)	0.078	(0.291)	-0.284	(0.375)

주: 〈표3-1〉과 동일한 통제변수들이 포함되었으나 여기에서는 생략되었다. *$p < 0.05$; #$p < 0.1$.
자료: 서울대학교 정치커뮤니케이션센터.

〈표3-2〉와 〈표3-3〉의 결과는 새로운 통계모형을 사용하여 분석했을 때에도 박근혜 대통령의 국정운영에 대한 평가가 제19대 대통령선거의 투표선택에 여전히 유의미한 영향을 끼쳤다는 사실은 변함이 없다는 점을 보여주고 있다. 다만 회고적 평가의 중요성은 다른 후보보다는 여당 소속인 홍준표 후보와 제1야당 소속인 문재인 후보 사이에서만 주로 발견되었다. 현직 대통령의 국정운영을 부정적으로 평가하는 유권자들이 여당 소속 후보를 처벌하기 위해 일차적으로 눈을 돌리는 대상은 현실적으로 당선가능성이 제일 높은 제1야당 후보에게 집중될 것이라는 점은 쉽게 예상할 수 있다. 다시 말해서 회고적 투표의 의미는 단순히 현직 대통령에 대한 불만을 야당 후보에 대한 지지로 표출하는데 그치는 것이 아니라, 정권교체를 가능케 할 수 있는 후보를 지지함으로써 실질적인 처벌을 가하고자 하는 것에서 찾을 수 있다는 것이다.

물론 유권자들은 본인과 이념적으로 가까운 후보에게, 본인이 지지하는 정당 소속의 후보에게, 그리고 주위 사람들로부터 지지를 부탁받은 후보에게 투표하는 경향이 있다는 사실을 부정하는 것은 아니다. 그러나 지금까지의 분석은 이와 같은 전통적인 투표 결정 요인들을 고려한 이후에도, 대통령의 국정운영에 대한 회고적 평가는 차기 대통령을 선택하는 데에 유의미하고도 분명한 차이를 가져온다는 사실을 보여주고 있다.

3. 제20대 대통령선거 분석

2022년 3월에 실시된 제20대 대통령선거는 여러 가지 측면에서 제19대 대통령선거와는 흥미로운 차이점을 보였다. 우선 제19대 대통령선거와 달리 제20대 대통령선거는 탄핵의 경험으로부터 상대적으로 자유로운 환경에서 실시되었으며, 선거 구도 역시 다자구도가 아닌 여당 소속인 이재명 후보와 제1야당인 국민의힘의 윤석열 후보 사이의 양자구도로 진행되었다. 또한 두 후보가 모두 소속 정당의 전통적인 주류 세력과는 거리가 있는 비주류 후보였으며, 둘 다 여러 가지 개인적인 비리 및 도덕성 의혹에 시달리며 선거운동 과정에서 네거티브 선거전이 극심하게 진행되었다. 이러한 차이점에도 불구하고 제20대 대통령선거에서도 문재인 대통령의 국정운영에 대한 평가가 제19대 대통령선거와 마찬가지로 유권자의 투표선택에 유의미한 영향을 끼친 것이 확인된다면, 한국의 대통령선거에서 나타나는 회고적 투표의 중요성을 다시 한번 확인할 수 있을 것이다.

(1) 데이터와 변수 조작화

일반적으로 선거 후에 실시된 설문조사를 사용하여 유권자의 투표선택을 분석하는 경우 근본적인 방법론적 문제에 봉착하기 마련이다. 이미 투표를 마친 응답자들을 대상으로 설문이 이루어지다 보니, 투표선택에 영향을 끼쳤다고 생각되는 이런저런 정치적 변수들에 대한 대답이 오히려 어떤 후보에게 투표했는가에 따라 그 선택을 합리화하는 방향으로 달라지게 되는 소위 인과관계의 역전(reverse causality) 현상이 나타날 수 있는 것이다. 이러한 문제를 해결하는 가장 간단한 방법은 선거 이전에 설문조사를 실시하고 동일한 응답자에게 선거가 끝난 후에 실제로 누구에게 투표했는지 다시 조사하는 패널자료(panel data)를 구축하는 것이다.

제20대 대통령선거의 투표선택을 분석하기 위한 자료로는 동아시아연구원(East Asian Institute)에서 실시한 패널자료를 사용한다. 본 자료는 제20대 대통령선거가 실시되기 2달여 전인 2022년 1월에 1차 조사를 실시하였고, 동일한 응답자들에게 선거 직후 2차 조사를 실시하였다. 1차 조사에는 전국에 거주하는 만 18세 이상의 성인남녀 중 지역별, 성별, 연령별 비례할당을 통해 추출된 1,515명의 표본이 참여하였으며, 이 중 1,104명이 2차 조사에도 참여하였다. 사후합리화의 가능성을 배제하기 위해, 아래의 통계 분석에서는 종속변수인 투표선택을 제외한 모든 독립변수는 1차 조사의 대답을 사용하였다.

분석의 핵심인 문재인 대통령의 국정운영 평가는 0부터 100점까지의 점수를 부여하는 형태로 측정되었다.[04] 〈그림3-3〉이 보여주듯이 문재인 대통령의 국정운영에 대한 평가는 매우 양극화된 형태로 나타났다. 전체 응답자의 43.06%가 49점 미만의 점수를 부여하여 문재인 대

04 다른 변수와의 비교를 위해, 실제 분석에서 문재인 대통령의 국정운영에 대한 평가는 원래의 변수를 10으로 나눈 0-10점 척도로 사용되었다.

통령의 국정운영을 부정적으로 평가한 반면에, 거의 비슷한 수준인 42.79%의 응답자들은 51점 이상의 점수를 부여하여 문재인 대통령의 국정운영을 긍정적으로 평가하였다. 이처럼 양극단으로 갈리는 회고적 평가는 최근 한국 정치가 경험하고 있는 당파적 양극화(partisan polarization)을 반영하는 것으로 추측되며, 실제로 이어지는 〈표3-4〉는 응답자가 어떤 정당을 지지하는가에 따라 문재인 대통령의 국정운영에 대한 평가가 극명하게 달라진다는 사실을 보여주고 있다.

〈그림3-3〉 문재인 대통령의 국정운영 평가의 분포

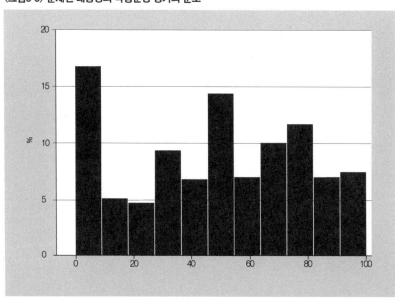

자료: 중앙선관위/한국정치학회 조사.

<표3-4> 지지 정당에 따른 문재인 대통령의 국정운영 평가 (%)

		부정적 평가 (0-49)	중립적 평가 (50)	긍정적 평가 (51-100)
	전체 응답자	43.06	14.15	42.79
지지 정당	민주당 지지자	5.01	10.93	84.05
	국민의힘 지지자	78.65	15.03	6.32
	기타 정당 지지자	47.14	16.43	36.43
	무당파	42.62	15.61	41.77

제20대 대통령선거에서의 투표선택을 설명하기 위하여 문재인 대통령의 국정운영에 대한 회고적 평가 외에도 다양한 정치적 성향과 태도를 고려하였다. 우선 응답자의 지지 정당과 함께 두 주요 후보인 이재명과 윤석열과의 이념적 거리가 분석모형에 포함되었다. 응답자들은 0부터 10에 이르는 11점 척도를 사용하여 본인 스스로의 이념적 위치와 후보의 위치를 대답했으며, 응답자가 인식하는 두 주요 후보와의 이념적 거리는 자신의 위치와 후보의 위치 사이의 차이를 계산하여 측정하였다. 두 번째로 유권자의 투표선택은 현직 대통령에 대한 회고적 평가보다는 대통령 후보의 국정운영 능력에 대한 전망적 평가에 기반하여 이루어진다는 주장을 고려하여(이내영·안종기 2013), 각 후보의 국정운영 능력에 대한 인식을 포함하였다. 보다 구체적으로 응답자들에게 차기 정부가 중점을 두고 추진해야 할 국정과제는 무엇이라고 생각하는지 질문하였으며, 응답자가 선택한 국정과제를 가장 잘 해결할 후보는 누구라고 보는지 질문하였다. 결과적으로 "잘 해결할 후보가 없다"는 응답(21.79%)을 기준 범주로 삼아 이재명, 윤석열, 그리고 기타

후보 중 응답자가 생각하는 시급한 국정과제를 가장 잘 해결할 것이라고 생각하는 후보 각각을 의미하는 가변인을 통계모형에 포함하였다.

이 외에도 코로나-19로 인한 감염병 사태가 여전히 지속되는 가운데 제20대 대통령선거가 치러졌다는 점을 고려하여 정부의 방역정책에 대한 평가를 0부터 10까지의 11점 척도를 사용하여 측정하고 모형에 포함하였다. 마지막으로 지난 5년간의 국가경제 및 가계살림의 변화에 대한 경제적 평가를 통제하였으며, 연령, 교육수준, 소득수준, 성별 등의 기본적인 인구통계학적 정보 또한 통제되었다,

(2) 분석 결과

제20대 대통령선거에서는 전체 득표의 96.4%가 이재명과 윤석열 두 후보에게 집중되었다는 점에서, 종속변수로는 여당 소속인 이재명 후보에게 투표한 응답자를 0으로 그리고 윤석열 후보에게 투표한 응답자를 1로 코딩한 이항(binary) 변수를 사용하였다. 통계모형으로는 프로빗(probit) 모형을 사용하였으며, 분석 결과는 〈표3-5〉에 제시되었다.

분석 결과는 제20대 대통령선거에서도 문재인 대통령의 국정운영에 대한 회고적 평가가 유권자의 투표선택에 통계적으로 유의미한 영향을 끼쳤다는 사실을 명확하게 보여주고 있다. 다른 모든 변수들을 평균값에 고정했을 때, 문재인 대통령의 국정운영 평가가 가장 부정적인 평가에서 가장 긍정적인 평가로 변화함에 따라 응답자가 윤석열 후보에게 투표할 확률은 0.81에서 0.47로 하락하였다. 이러한 투표 확률

〈표3-5〉 제20대 대통령선거의 투표선택

	Coefficients (Standard Errors)
대통령 국정운영 평가	-0.095* (0.041)
민주당 지지	-0.231 (0.198)
국민의힘 지지	0.974* (0.223)
기타 정당 지지	0.033 (0.224)
이재명 이념적 거리	0.119* (0.034)
윤석열 이념적 거리	-0.124* (0.032)
이재명 국정운영 능력	-1.320* (0.194)
윤석열 국정운영 능력	1.383* (0.350)
기타 후보 국정운영 능력	-0.306 (0.190)
코로나 방역 평가	-0.045 (0.031)
가계살림 평가	-0.025 (0.100)
국가경제 평가	0.019 (0.089)
연령	0.014* (0.005)
교육수준 (대졸 이상=1)	0.070 (0.183)
소득수준	0.014 (0.027)
주거 형태 (자가=1)	0.101 (0.171)
성별 (여성=1)	-0.079 (0.149)
거주 지역	Controlled
Pseudo R^2	0.6578
N	903

주: 광역자치단체 수준에서 응답자의 거주 지역을 통제하는 가변인들이 포함되었으나 여기에서는 생략되었다. *$p < 0.05$.

의 변화가 가지는 실질적인 의미를 파악하기 위해 다른 변수의 값이 마찬가지로 최솟값에서 최댓값으로 변함에 따라 윤석열 후보에게 투표할 확률이 어떻게 변화하는지 살펴보았다. 동일한 조건에서 응답자와 윤석열 후보 사이의 이념적 거리가 최솟값에서 최댓값으로 변화함에 따라 윤석열 후보에게 투표할 확률이 0.79에서 0.33으로 변화하였으며, 윤석열이 핵심 국정과제를 가장 잘 해결할 수 있다고 생각하는 응답자와 그렇지 않은 응답자가 윤석열 후보에게 투표할 확률은 각각 0.92와 0.51로 계산되었다. 즉 회고적 평가의 변화는 이념적 요인이나 후보의 국정운영 능력에 대한 전망적 평가와 거의 유사한 수준으로 투표 확률의 변화를 초래한다고 할 수 있다. 결과적으로 제20대 대통령선거에서 문재인 대통령의 국정운영에 대한 회고적 평가는 통계적인 차원에서나 실질적인 차원에서나 유권자의 투표선택에 매우 중요한 영향을 끼쳤다는 것이다.

4. 소결

한국의 선거에서, 그 중에서도 특히 대통령선거에서 회고적 투표의 가능성을 상대적으로 낮게 평가해왔던 가장 중요한 이유는 다름 아닌 단임제 대통령제의 한계라고 할 수 있다. 현직 대통령이 재선에 도전하는 일이 애초에 불가능하다보니 현직 대통령에 대한 회고적 평가는 차기 대통령을 선출하는 유권자의 선택에 잘 반영되지 않으며, 결과적으로 대통령선거에서는 후보에 대한 전망적 평가가 가장 중요하게 작용한다는 것이다. 실제로 민주화 이후 역대 대통령선거에서는 현직 대통령에 대한 지지율이 낮음에도 불구하고 여당 후보가 승리를 거두거나 반대로 현직 대통령의 높은 지지율에도 불구하고 야당 후보가 당선되는 일이 종종 발생하였다는 점 또한 회고적 투표의 중요성의 평가절하하는 현실적인 이유가 되기도 한다.

그러나 제도적 변수에 따른 추론이나 거시적 차원의 선거 결과와는 별개로, 본 장의 분석이 보여주는 것은 미시적인 차원에서 대통령선거에 임하는 한국 유권자의 투표선택에는 현직 대통령의 국정운영에 대한 회고적 평가가 분명하고 유의미한 차이를 가져온다는 사실이다. 대통령의 국정운영을 긍정적으로 평가하는 유권자는 여당 소속 후보에게 투표하는 경향이 있으며, 반면에 부정적인 회고적 평가는 야당-특히 정권교체를 가져올 현실적인 가능성이 가장 높은 제1야당-소속 후보에 대한 투표로 이어진다는 것이다. 그리고 이러한 경향은 선거 구도 및 환경이 상이한 제19대 대통령선거와 제20대 대통령선거에서 일관적으로 나타났다. 물론 회고적 평가 외에 다른 여러 가지 요인들 역시 대통령선거의 투표선택에 유의미한 영향을 끼치는 것은 부정할 수 없지만, 중요한 사실은 이러한 다양한 요인들을 통제한 이후에도 회고적 평가의 영향력이 지속되었으며 그 실질적인 영향력 또한 다른 요인들의 그것과 비교하여 결코 작다고 할 수 없다는 점이다. 결론적으로 단임제 대통령제를 채택하고 있음에도 불구하고, 회고적 투표는 한국 유권자의 투표선택을 이해하기 위해 필수적인 요인 중 하나라고 할 수 있다.

PART 4

회고적 평가는 객관적인가?

선거가 치러질 때면 야당은 으레 정권심판론을 제기하고, 대통령과 정부의 국정운영에 대한 지지 혹은 불만이 유권자의 선택에 어떻게 영향을 끼칠 것인지에 대해서 언론과 미디어에서 집중적으로 분석되는 것을 보면 회고적 투표 이론의 타당성은 지극히 당연한 것처럼 보인다. 또한 앞 장에서 살펴본 바와 같이, 실제로 설문조사 자료에 대한 미시적인 분석에서도 대통령의 국정운영에 대한 회고적 평가가 유권자들의 투표선택에 분명하고 유의미한 영향을 끼치는 것으로 나타났다. 그러나 이러한 현상이 그 자체로 회고적 투표를 보여주는 것으로 받아들이기에는 분명한 한계가 존재한다. 왜냐하면 회고적 평가 자체가 객관적으로 이루어지는 것이 아니라 유권자의 당파적 성향에 의해 좌우되는 측면이 크기 때문이다.

만약 국정운영의 객관적인 결과와는 무관하게, 여당을 지지하는 유권자는 대통령과 정부에 대해서 무조건 긍정적으로 평가하고 야당을 지지하는 유권자는 이들에 대해서 부정적으로 평가하기만 한다면, 회고적 평가가 투표선택에 끼치는 영향력이 통계적으로 확인된다고 하더라도 이를 회고적 투표의 증거로 받아들이기는 어려울 것이다. 다시 말해서 회고적 평가로 인해 특정 후보를 지지하는 것이 아니라, 애초의 정치성향으로 인해 일정한 방향으로 회고적 평가를 내리는 동시에 특정 후보를 지지할 가능성이 존재한다는 것이다. 따라서 단순히 회고적 평가가 투표선택으로 이어지는지의 문제와는 별개로 과연 한국 유권자들이 대통령과 정부의 국정운영에 대한 정보에 관심을 쏟고 이러한 정보에 따라서 회고적 평가를 달리하는지에 관한 분석이 수반되어야 한다는 것이다.

이러한 의미에서 본 장에서는 대통령과 정부의 국정운영에 대한 새로운 정보가 실제로 여야 지지자들의 회고적 평가를 변화시키는지를 검증하고자 한다. 그런데 일반적인 설문조사에서는 응답자들이 평소에 국정운영 성과와 관련하여 어떤 정보를 가지고 있는지 통제할 수 없기 때문에 이 질문에 대한 신뢰할만한 답을 찾기가 어렵다. 따라서 여기에서는 국정운영에 관한 서로 다른 정보를 응답자의 지지 정당과 무관하게 할당하고, 노출된 정보에 따라서 대통령과 정부에 대한 응답자의 평가가 달라지는지를 확인하는 실험설문(survey experiment)을 활용한다.

1. 이론적 논의

흔히 "사람은 보고 싶은 것만 본다"는 말이 있듯이, 자신이 애초에 가지고 있는 생각이나 신념을 확인하고 유지하려고 하는 확증편향(confirmation bias)은 매우 보편적으로 발견되는 심리적 경향이다. 보다 일반적으로 동기화된 사고(motivated reasoning) 이론에 따르면 사람들은 새로운 정보를 접할 때 두 가지 상반된 동기가 동시에 작용한다(Kunda 1990). 첫 번째로 정확성 동기(accuracy motivations)는 정확한 결론을 도출하기 위하여 새로운 정보를 균형적으로 검토하도록 이끄는 반면에, 방향적 동기(directional motivations)는 기존에 이미 가지고 있던 믿음이나 입장을 유지 혹은 강화하는 방향으로 새로운 정보를 처리하도록 이끈다. 특히 특정한 정당을 지지하는 유권자의 경우 자신이 지지하는 정당에 불리한 정보에 노출되었을 경우 방향성 동기가 활성화되어 새로운 정보를 무시하거나 지지 정당에 유리한 방향으로 재해석하는 모습을 종종 보이곤 한다(Bartels 2002; Druckman and Bolsen 2011; Flynn et al. 2017; Jerit and Barabas 2012; Lodge and Taber 2013; Taber and Lodge 2006, 2016).

물론 방향성 동기가 작용한다고 해서 어떠한 정보를 접하건 상관없이 누구나 자기가 원하는 결론을 마음대로 내릴 수 있다는 것을 의미하지는 않는다. 비록 우리가 특정한 결론에 도달하고자 동기화될 때조차도, 이와 동시에 우리는 합리적이고자 하는 또 다른 동기에 의해서도 영향을 받기 때문이다(Kunda 1999, 224). 실제로 다양한 심리학 실험에 따르면, 노출되는 정보의 양과 종류, 혹은 그 중요성에 대한 인식에 따라 정확성 동기가 활성화되어 방향성 동기의 영향력을 상쇄하는 경우가 얼마든지 발생할 수 있다(Már and Gastil 2020; Prior, Sood, and Khanna 2015; Redlawsk 2001; Redlawsk, Civettini, and Emmerson 2010; Tetlock 1985).

회고적 평가를 형성하는 과정에서도 정확성 동기와 방향성 동기가 동시에 작용할 것이라고 예상할 수 있다. 물론 특정한 정당을 강하게 지지하는 유권자들 사이에서는 정확성 동기보다 방향성 동기가 더 강하게 작용하는 반면에, 무당파 유권자들 사이에서는 정확성 동기의 영향력이 더 크게 나타날 것이다. 그러나 특정 정당의 지지자라고 해서 정확성 동기의 영향력이 전적으로 배제된다고 선험적으로 가정할 근거는 존재하지 않으며, 본 장에서는 실험설문을 통해 이러한 점을 확인하고자 한다. 다시 말해서 과연 대통령의 국정운영에 대한 부정적인 정보가 여당을 지지하는 유권자들에게 주어졌을 때 혹은 대통령의 국정운영에 대한 긍정적인 정보가 야당을 지지하는 유권자들에게 주어졌을 때에도-비록 그 변화의 정도는 상대 정당을 지지하는 유권자나 무당파 유권자에 비해 작을지라도-회고적 평가가 유의미하게 변화하는지 확인하고자 한다.

본 장의 실험설문은 국정운영에 관한 긍정적 혹은 부정적 정보를 응답자의 내생적 특징과 무관하게 할당한 후 특정 정보를 받은 응답자와 그렇지 않은 응답자들 사이에서 국정 평가가 달라지는지 확인한다.

분석의 초점은 과연 어떤 정당을 지지하는가가 회고적 평가의 형성에 개입하는가이다. 만약 방향성 동기가 압도적으로 작용한다면, 자신의 당파적 성향에 부합하지 않은 정보에 노출된 유권자들의 경우에는 회고적 평가에서의 유의미한 변화가 관찰되지 않을 것이다. 반면에 정보가 지지하는 정당과 무관하게 회고적 평가를 변화시킨다면-즉 방향성 동기에도 불구하고 정확성 동기가 상당한 수준으로 작용한다면-이는 한국 유권자들이 기존의 정치적 성향에 배치되는 정보까지도 반영하여 회고적 평가를 내린다는 점을 의미할 것이다. 그리고 후자의 결과는 회고적 투표의 전제 조건이 성립함을 보여준다는 점에서, 회고적 투표 이론의 타당성에 힘을 실어줄 것이다.

2. 실험 설계

본 장에서 사용하는 실험설문 자료는 2021년 3월 18일부터 25일까지 일주일에 걸쳐 수집되었다. 전국의 만18세 이상 성인남녀를 대상으로 지역별, 성별, 연령별 기준 비례할당을 통해 추출된 1200명의 응답자가 온라인 조사에 참여하였으며, 무작위추출을 전제할 경우 95% 신뢰수준에서 최대허용 표집오차는 ±2.8%p이다.

국정운영에 직접 참여하고 경험할 수 없는 일반 유권자들은 주로 언론 및 미디어를 통해 접하는 정보에 기반하여 정부 및 대통령의 국정운영에 대한 정보를 얻을 수밖에 없다. 따라서 실험설문에서도 이러한 상황과 유사한 형태로 실험을 디자인하였다. 우선 응답자들을 세 집단 중 하나에 무작위로 배정하였다. 첫 번째 실험집단-부정 평가 집단-에 배정된 응답자들은 2020년 1년 동안의 문재인 정권의 국정운영에 대해 부정적으로 평가하는 가상의 신문 기사에 노출되었다.[01][02]두 번째 실험집단-긍정 평가 집단-에 배정된 응답자들은 분량은 유사하지만 2020년 문재인 정권의 국정운영에 대해 긍정적으로 평가하는 가상의 신문 기사에 노출되었다. 마지막으로 통제집단에 배정된 응답자들은 아무런 신문 기사에도 노출되지 않았다. 신문 기사에 노출된 후 응답자들은 그들이 할당된 실험 조건과 무관하게 문재인 대통령의 국정 평가를 묻는 공통 질문을 받았고, 이에 대해서 가장 부정적인 0점부터 가장 긍정적인 10점까지에 이르는 11점 척도를 활용하여 대답했다. 〈그림 4-1〉은 실험설문에서 사용된 가상의 신문 기사들을 보여주고 있다.

01 이 신문 기사들은 만들어진 가상의 기사들이며, 이 사실은 응답자가 설문 응답을 모두 마무리한 이후에 공지되었다.

02 응답자들이 신문 기사를 읽고 내용을 이해할 수 있는 시간을 보장하기 위하여 신문 기사가 화면에 나타난 이후 최소 10초가 흘러야만 다음 화면으로 넘어갈 수 있는 버튼이 활성화되도록 설정했다. 수집된 데이터를 통해 확인해본 바에 따르면, 응답자들이 다음 화면으로 넘어가는 버튼을 누르기까지 걸린 평균 시간은 33초였다.

〈그림4-1〉 실험에서 사용된 신문 기사

부정 평가 기사

2020년 한 해 동안 문재인 정권의 국정운영을 돌아보았을 때, 많은 정치학자들과 전문가들은 상당히 비판적인 평가를 내리고 있다. 우선 코로나-19 감염병에 대한 대응에 있어 초기에는 소위 K-방역이 성과를 거두는 듯 했지만, 연말로 가면서 확진자 숫자가 급격하게 증가하면서 한계를 드러냈다. 더구나 경제적 부작용에 대한 우려로 인해 거리두기 단계 격상을 미루다가 감염병 확산을 선제적으로 예방하는데 실패하고 경제위기도 극복하지 못하는 등 우왕좌왕하는 모습을 보여왔다는 평가가 제기되고 있다. 또한 검찰개혁을 둘러싸고 윤석열 검찰총장을 무리하게 징계하는 과정에서 추미애 법무부 장관과의 갈등이 불거지고, 징계 조치 역시 법원에 의해 제동이 걸리는 결과를 낳았다. 마지막으로 국회 내 의석의 압도적인 다수를 차지하고 있는 민주당 역시 의석수에 걸맞은 입법 성과를 거두었다고 보기는 어렵다는 평가가 지배적이다.

긍정 평가 기사

2020년 한 해 동안 문재인 정권의 국정운영을 돌아보았을 때, 많은 정치학자들과 전문가들은 여러 가지 난관 속에서도 선방을 거두었다는 평가를 내리고 있다. 우선 코로나-19 감염병에 대한 대응과 관련하여, 비록 연말에 3차 유행을 겪기는 했지만, 선제적 검사와 강력한 격리 조치를 통해 인구 대비 확진자와 사망자 비율을 다른 나라에 비해 현격하게 낮은 수준으로 유지할 수 있었다. 그리고 세 차례에 걸친 재난지원금 지급을 통해 코로나 사태로 인한 경제적 충격을 어느 정도 완화할 수 있었다는 평가가 제기된다. 또한 여러 가지 정치적 논란에도 불구하고 고위공직자수사처를 출범시킬 수 있었으며, 검찰과 경찰 사이의 수사권 조정 문제 역시 상당한 진전을 보였다는 것이 대부분의 평가이다. 마지막으로 민주당 또한 국회 다수당의 지위에 힘입어 공정경제3법 등 다양한 개혁입법을 추진했다는 점에 점수를 준 전문가들도 많았다.

무작위 배정이 제대로 이루어졌는지 확인하기 위해, 〈표4-1〉은 통제집단 및 두 실험집단에 배정된 응답자들의 기본적인 인구통계학적 특성을 보여주고 있다. 모든 특성에 대해 집단 간 통계적으로 유의미한 차이는 전혀 발견되지 않았다.

〈표4-1〉 실험집단별 인구통계학적 특성 (평균값)

	부정 평가 집단	긍정 평가 집단	통제집단
성별 (여성=1)	0.503	0.495	0.493
연령	46.447	45.558	47.429
교육수준 (대졸 이상=1)	0.515	0.520	0.562
소득수준	5.144	5.132	5.078
고용상태 (정규직=1)	0.381	0.377	0.379
고용상태 (비정규직=1)	0.108	0.113	0.123
고용상태 (자영업=1)	0.086	0.075	0.062
혼인상태 (기혼=1)	0.596	0.588	0.608
사례수	396	398	406

주: 소득수준은 응답자의 월평균 가구소득을 100만원 단위로 총 11점 척도를 사용하여 측정되었다.

물론 신문 기사를 제공한다고 해서 응답자가 실제로 해당 기사의 정보를 이해했다는 것을 의미하지는 않는다. 즉 신문 기사를 읽지 않거나 부주의하게 읽음으로 인해서 그 기사에 담긴 정보가 제대로 전달되지 않는 상황이 발생할 수도 있다. 이러한 문제를 고려하여 문재인 대통령의 국정운영을 평가하라는 질문이 끝난 후 부정 평가 집단과 긍정 평가 집단에 속한 응답자들에게 앞서 제공된 기사의 내용을 올바르게 요약한 것이 무엇인지 물어보았다. 두 실험집단에 배정된 794명 중 574명(72.3%)이 자신이 어떠한 정보를 담고 있는 기사를 읽었는지 올바르게 대답했으며, 이는 상당한 수의 참가자들이 신문 기사에서 제공된 정보를 정확하게 파악하고 있음을 보여준다.

3. 분석 결과

〈그림4-2〉는 두 실험집단과 통제집단에 배정된 응답자들 사이에서 문재인 대통령의 국정운영에 대한 평가가 어떻게 다르게 나타나는지 보여주고 있다. 0부터 10까지의 척도에서 통제집단에 속한 응답자들의 국정운영 평가 평균값은 4.49였으며, 부정 평가 집단의 응답자들과 긍정 평가 집단에 속한 응답자들 사이의 평균값은 각기 4.24와 5.15였다. 비록 부정 평가 집단의 국정운영 평가가 통제집단보다 낮기는 했지만, 두 집단 사이의 차이는 통계적 유의미성에 도달하지는 못했다. 그러나 긍정 평가 집단에 배정된 응답자들의 국정운영 평가는 다른 두 집단의 응답자들에 비해 유의미하게 상승하였다($p<0.01$).

〈그림4-2〉 실험집단별 문재인 대통령 국정운영 평가 (평균값)

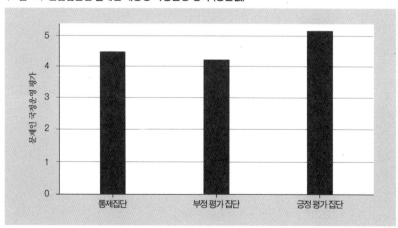

자료: 중앙선관위/한국정치학회 조사.

이어지는 〈표4-2〉에서는 문재인 대통령의 국정운영 평가를 종속변수로 사용한 회귀분석 결과를 보여주고 있다. 실험 처치의 영향력을 확인하기 위해 통제집단을 기준 범주로 하여 부정 평가 집단과 긍정 평가 집단을 각각 나타내는 가변인을 포함하였다. 결과에 따르면 어떠한 정보에 노출되는가에 따라 응답자의 회고적 평가가 분명하게 달라진다는 점을 확인할 수 있다. 문재인 정권의 국정운영에 대해 긍정적인 정보에 노출된 응답자들은 아무런 정보도 접하지 않않은 응답자들에 비해 회고적 평가가 통계적으로 유의미한 정도로 긍정적인 방향으로 변화하는 것으로 나타났다. 또한 첫 두 모델에서는 통제집단에 속한 응답자들과 부정적인 정보에 노출된 응답자들 사이에서 회고적 평가가 통계적으로 유의미한 차이를 보이지 않았지만, 응답자의 다양한 정치적 태도를 통제한 세 번째 모델에서는 아무런 정보도 접하지 않은 응답자들에 비해 부정적인 정보를 접한 응답자들은 회고적 평가가 부정적인 방향으로 변화한다는 점이 통계적으로 유의미한 수준에서 확인되었다. 다시 말해서 유권자들이 새롭게 접한 정보는 회고적 평가를 형성하는데 있어서 유의미한 영향을 끼치며 그 방향 또한 이론적 예측과 일치한다는 것이다.

<table4-2> 실험조건에 따른 문재인 대통령 국정운영 평가

	Coefficients (Standard Errors)					
부정 평가 집단	-0.25	(0.21)	-0.31	(0.21)	-0.37*	(0.15)
긍정 평가 집단	0.66*	(0.21)	0.64*	(0.21)	0.46*	(0.15)
민주당 지지					2.38*	(0.18)
국민의힘 지지					-0.95*	(0.21)
기타 정당 지지					0.52*	(0.21)
이념성향					-0.31*	(0.04)
정치지식					-0.08	(0.05)
정치관심					-0.23*	(0.11)
외적 정치효능감					0.75*	(0.07)
내적 정치효능감					-0.13	(0.12)
연령			-0.02*	(0.01)	0.01	(0.01)
교육수준 (대졸이상=1)			-0.05	(0.18)	0.14	(0.14)
고용상태 (정규직=1)			0.88*	(0.20)	0.35*	(0.15)
고용상태 (비정규직=1)			0.46	(0.28)	0.19	(0.21)
고용상태 (자영업=1)			0.57	(0.34)	0.40	(0.25)
소득수준			-0.04	(0.04)	-0.06*	(0.03)
혼인상태 (기혼=1)			0.46*	(0.22)	0.19	(0.16)
성별 (여성=1)			0.38*	(0.18)	0.02	(0.13)
부산/울산/경남			0.31	(0.25)	0.30	(0.19)
대구/경북			-0.79*	(0.30)	-0.28	(0.23)
호남			1.90*	(0.30)	0.84*	(0.22)
충청			0.41	(0.29)	0.40	(0.21)
강원/제주			0.70	(0.43)	0.92*	(0.32)
Constant	4.49*	(0.15)	4.37*	(0.42)	4.32*	(0.55)
R^2		0.016		0.0838		0.5074
N		1200		1176		1176

*$p < 0.05$.

그러나 정작 중요한 문제는 단순히 유권자들이 새로운 정보에 기반하여 회고적 평가를 업데이트하는가를 확인하는 것을 넘어서, 새로운 정보의 영향력이 지지 정당에 따라 달라지는가라고 할 수 있다. 다시 말해서 만일 당파적 편향이 회고적 평가를 왜곡한다면 여당을 지지하는 유권자들은 정부의 국정운영에 대한 부정적인 정보에 노출되었다고 해도 회고적 평가가 특별히 악화되지 않을 것이며, 야당을 지지하는 유권자들의 경우에는 긍정적인 정보에 노출된다고 해도 회고적 평가가 특별히 개선되지 않을 것이다. 반면에 당파적 편향에도 불구하고 새롭게 접하는 정보가 유권자들의 회고적 평가에 반영한다면, 지지 정당을 막론하고 긍정적 정보는 회고적 평가의 개선으로 그리고 부정적 정보는 회고적 평가의 악화로 이어질 것이다. 이를 확인하기 위하여 〈표4-3〉에서는 실험 처치와 지지 정당 사이의 상호 작용항을 〈표2〉의 세 번째 모델에 추가하여 회귀분석을 실시한 결과를 보여주고 있다.

결과는 주어진 정보가 평가에 끼치는 영향력이 지지 정당에 따라 달라지는 것은 아니라는 점을 보여준다. 우선 상호작용항에 포함되지 않은 "부정 평가 집단"과 "긍정 평가 집단"의 회귀계수는 기준 범주로 사용된 무당파 응답자 사이에서 실험 처치에 따라 문재인 대통령의 국정운영에 대한 평가가 어떻게 달라지는지 보여주고 있다. 비록 부정적 정보에 노출된 무당파 응답자들은 통제 집단과 비교하여 통계적으로 유의미한 차이는 없었지만, 긍정적인 정보에 노출된 무당파 응답자들 사이에서는 문재인 대통령에 대한 회고적 평가가 유의미하게 긍정

〈표4-3〉 실험조건과 지지 정당에 따른 문재인 대통령 국정운영 평가

	Coefficients (Standard Errors)
부정 평가 집단	-0.33 (0.28)
긍정 평가 집단	0.74* (0.28)
민주당 지지	2.56* (0.28)
국민의힘 지지	-1.07* (0.32)
기타 정당 지지	0.94* (0.35)
부정 평가 집단×민주당 지지	-0.03 (0.38)
부정 평가 집단×국민의힘 지지	0.41 (0.45)
부정 평가 집단×기타 정당 지지	-0.78 (0.50)
긍정 평가 집단×민주당 지지	-0.52 (0.38)
긍정 평가 집단×국민의힘 지지	-0.05 (0.45)
긍정 평가 집단×기타 정당 지지	-0.54 (0.49)
Constant	4.23* (0.56)
R^2	0.5105
N	1176

주: 〈표4-2〉와 동일한 통제변수가 포함되었으나 여기에서는 생략되었다. *$p < 0.05$.

적으로 변화하였다. 그리고 보다 중요한 사실은 실험 조건과 응답자의 지지 정당 사이의 상호작용항은 모두 통계적으로 유의미한 영향을 끼치지 않는 것으로 나타났다.[03] 다시 말해서 특정한 정당을 지지하는 사

03 통제 집단과 무당파를 각기 실험 처치와 지지 정당의 기준 범주로 사용한 것은 가장 직관적인 이해와 비교가 가능하기 때문이다. 그러나 범주형 변수 간 상호작용 효과는 기준 범주와의 상대적 차이를 추정하기 때문에, 어떤 범주를 기준 범주로 사용하는가에 따라 상호작용항의 계수는 서로 다른 패턴을 보일 수 있다. 이러한 점을 고려하여 실험 처치 및 지지 정당의 각 범주들을 기준 범주로 사용한 다양한 상호작용 효과를 추정했지만, 결과에 큰 차이는 발견되지 않았다. 모든 조합에서 유일하게 통계적으로 유의미한 상호작용 효과는 국민의힘 지지자에 비해 기타 정당 지지자들이 부정적인 정보에 노출되었을 때 문재인 대통령에 대한 회고적 평가

람들 사이에서도, 심지어 제1야당인 국민의힘을 지지하는 응답자들 사이에서도, 무당파와 마찬가지로 정부의 국정운영에 대한 긍정적인 정보는 보다 긍정적인 회고적 평가로 이어진다는 것이다.

비록 대부분의 응답자들이 자신이 접한 신문 기사의 내용을 올바르게 요약한 것을 파악하기는 했지만, 부정 평가 집단과 긍정 평가 집단에 배정되지만 여전히 주어진 신문 기사에 담긴 정보가 제대로 전달되지 않은 응답자들 역시 존재한다. 이러한 응답자들이 전체 결과에 영향을 끼칠 가능성을 배제하기 위하여, 노출된 신문 기사의 내용을 올바르게 요약한 문장을 고르는데 성공한 응답자만을 대상으로 다시 분석을 실시하였고 그 결과가 〈표4-4〉에 제시되어 있다.

〈표4-4〉의 결과는 다른 요인이 아니라 신문 기사에 담긴 국정 운영 정보가 앞서 보고된 결과를 만든 요인임을 강력하게 시사한다. 우선 〈표4-2〉 및 〈표4-3〉과 비교했을 때 〈표4-4〉에서 두 개의 핵심 변수-부정 평가 집단과 긍정 평가 집단-의 회귀계수의 크기가 증가하였다. 이는 만약 국정 운영 정보에 주의를 기울이지 않은 일부 참가자들이 그 정보에 충분한 주의를 기울였다면, 〈표4-2〉와 〈표4-3〉에서 보고된 것보다는 회귀계수가 더 커졌을 것이라는 점을 의미한다. 또한 실험 조건과 지지 정당 간 상호작용을 고려했을 때, 무당파들 사이에서 대통령의 국정운영에 대한 긍정적인 정보뿐만 아니라 부정적

가 더 크게 악화되었다는 점이다.

〈표4-4〉 실험조건과 지지 정당에 따른 문재인 대통령 국정운영 평가(신문기사 내용을 올바르게 요약한 응답자들을 대상으로)

	Coefficients (Standard Errors)			
부정 평가 집단	-0.60*	(0.16)	-0.56#	(0.29)
긍정 평가 집단	0.77*	(0.17)	0.96*	(0.35)
민주당 지지	2.45*	(0.19)	2.60*	(0.28)
국민의힘 지지	-0.86*	(0.23)	-1.03*	(0.32)
기타 정당 지지	0.76*	(0.23)	1.00*	(0.35)
부정 평가 집단×민주당 지지			-0.16	(0.40)
부정 평가 집단×국민의힘 지지			0.48	(0.45)
부정 평가 집단×기타 정당 지지			-0.56	(0.50)
긍정 평가 집단×민주당 지지			-0.38	(0.43)
긍정 평가 집단×국민의힘 지지			-0.05	(0.55)
긍정 평가 집단×기타 정당 지지			-0.24	(0.57)
Constant			4.39*	(0.61)
R^2	0.5441		0.5465	
N	959		959	

주: 〈표4-2〉와 동일한 통제변수가 포함되었으나 여기에서는 생략되었다. *$p < 0.05$, #$p < 0.1$.

인 정보의 영향력 또한 통계적으로 유의미한 수준에 거의 근접하였다 ($p=0.054$). 마지막으로 모든 상호작용항은 여전히 통계적으로 유의미하지 않았으며, 결과적으로 여야를 막론하고 지지 정당에 따라 새로운 정보가 회고적 평가에 끼치는 영향력에 별다른 차이가 나타나지 않는다는 점을 분명하게 보여주고 있다.

기존 정치적 성향의 차이에도 불구하고 부정적 혹은 긍정적 정보가 회고적 평가에 일관된 영향을 끼친다는 점을 보다 직관적으로 보여주기 위하여 〈그림4-3〉에서는 〈표4-4〉의 두 번째 모델에 기반하여 문재인 대통령의 국정운영에 대한 회고적 평가의 예측값이 어떻게 달라지

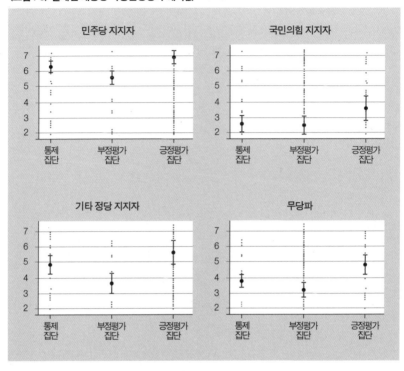

는지 보여주고 있다. 그림을 통해 부정적인 정보를 접한 유권자와 긍정적인 정보를 접한 유권자 사이에 대통령에 대한 회고적 평가가 분명하게 달라지며, 이러한 변화는 대통령의 소속 정당을 지지하는 유권자들 사이에서도 마찬가지로 관찰된다는 점을 확인할 수 있다. 물론 여당을 지지하는 유권자는 다른 유권자들에 비해 문재인 대통령의 국정운영을 긍정적으로 평가하는 것은 부정할 수 없는 사실이다. 그러나 이러한 긍정적인 평가에도 불구하고, 여당 지지자들 또한 다른 유권자

들과 마찬가지로 정부와 대통령에 대한 부정적인 정보에 노출되었을 때 이를 반영하여 기존의 회고적 평가에 일정한 수정을 가하는 과정을 겪는다는 것이다.

4. 소결

지금까지 본 장의 분석은 대통령과 정부의 국정운영 성과에 관한 정보가 유권자의 회고적 평가에 실제로 변화를 가져오는지 실험설문을 통하여 살펴보았으며, 결과는 유권자들이 새로운 정보에 민감하게 반응한다는 점을 분명하게 보여주고 있다. 제공된 정보가 국정운영과 관련하여 긍정적인 내용일 경우 유권자들은 이에 맞춰서 대통령과 정부의 국정운영을 긍정적으로 평가하는 방향으로 변화했으며, 만약 그 정보가 부정적인 내용일 경우 부정적인 방향으로 평가가 변화했다. 특히 중요한 점은, 이러한 변화가 유권자의 당파심에 따라서 달라지는 것은 아니라는 점이다. 여당을 지지하는가 아니면 야당을 지지하는가와 무관하게 국정운영 성과에 대한 정보는 그 내용과 일치하는 방향으로 유권자의 평가를 변화시켰다.

이러한 실험 결과는 회고적 투표 이론의 전제가 되는 회고적 평가의 형성과정을 한국 유권자들 사이에서 확인했다는 점에서 중요한 의미를 지닌다. 만약 한국 유권자가 국정운영 성과에 관한 새로운 정보에 반응하지 않고 당파심에 따라서만 국정운영을 일방적으로 평가를 한다면, 설사 이 평가에 기반하여 투표선택을 한다고 하더라도 이를 회고적 투표라고 보기는 어렵다. 그런데 본 장에서 보여주었듯이, 한국 유권자들은 국정운영에 관한 정보에 반응하며 이에 기반하여 자신들의 평가를 변화시키고 있다. 특히 자신의 정치적 성향에 배치되는 정보까지도 반영하여 회고적 평가를 내리고 있다는 점이 가장 주목할 만하다. 이는 한국 유권자들이 선거에서 지지 후보를 선택할 때 회고적 투표 이론이 주장하는 바와 같이 자신들의 평가에 기반하여 선택을 할 수 있고 하고 있음을 시사한다.

한국 국회의원선거에서의 회고적 투표: 제21대 총선 사례

지난 2020년 4월 15일에 실시된 제21대 총선은 여당인 더불어민주
당(이하 민주당)이-위성정당인 더불어시민당의 비례대표 의석을 합하
여-180석이라는 압도적인 과반 의석을 차지하는 것으로 마무리되었
다. 대통령 임기 중간에 실시되는 대부분의 총선에서 여당이 패배한다
는 일반적인 경험칙은 제21대 총선에서는 적용되지 않았다. 선거 이후
많은 언론 보도와 논평들은 민주당이 압승을 거둘 수 있었던 원인으로
코로나19 감염병으로 인해 심판론을 비롯한 선거 쟁점들이 묻혔다는
점을 꼽고 있다. 그리고 초기의 비판적 평가와는 달리 시간이 지날수
록 코로나19 감염병에 대한 문재인 정부의 대처와 관리에 대한 긍정
적인 여론가 형성되면서 여당의 압승에 기여했다는 분석 또한 찾아볼
수 있다(박선경 2020; 신정섭 2020).

　그러나 제21대 총선의 결과가 코로나19 감염병에 의해 전적으로 결
정되었다고 할 수 없다. 우선 2017년 대통령 탄핵과 이어진 제19대 대
선을 거치면서 한국 유권자들 사이에서 발생한 이념적 지형의 변화가
민주당이 압승을 거둘 수 있었던 가장 중요한 배경이라고 할 수 있다

(송진미 2019; 장승진 2018). 이와 더불어 제21대 총선 역시-그동안 여러 나라에 걸친 많은 연구를 통해 반복적으로 관찰된 바와 같이-대통령의 임기 중에 실시되는 선거가 대통령의 국정운영에 대한 중간평가로서의 성격을 가지게 된다는 점에서 예외가 아니었을 수 있다. 실제로 선거를 앞두고 실시된 대부분의 여론조사에서 문재인 대통령의 직무수행에 대한 긍정적인 평가는 60% 전후의 높은 수준을 기록했었다.

본 장에서는 제21대 총선에서 집권 3년차에 접어드는 문재인 대통령의 국정운영-코로나19 감염병에 대한 대응과는 별개로-에 대한 평가가 유권자의 투표선택에 중요한 영향을 끼쳤다는 실증적인 증거를 제시한다. 그러나 이와 동시에 총선에 참여하는 유권자들이 단순히 대통령에 대한 지지 혹은 반대를 표출하기 위하여 투표하는 것은 아니라고 주장한다. 총선에서 유권자들이 선택하는 대상은 결국 여야 정당-을 대표하는 후보자들-이며, 따라서 여야 주요 정당 또한 유권자들의 회고적 평가와 투표의 대상이 될 수밖에 없다. 다시 말해서 총선에서 나타나는 회고적 투표는 대통령에 대한 평가에 의해서만 일방적으로 좌우된다기보다는 대통령에 대한 회고적 평가가 여야 주요 정당에 대한 회고적 평가와 상호작용하면서 유권자들의 투표선택에 영향을 끼치는 복합적인 양상을 보인다는 것이다. 결론적으로 본 장의 분석은 많은 유권자들이 선거에서 서로 다른 정치적 행위자에게 각자의 역할에 걸맞은 정치적 책임을 물을 수 있고 실제로 묻고 있다는 증거를 보여주고 있다.

이러한 목적을 위해 본 장은 명지대학교 미래정치연구소가 제21대 총선 직후 한국리서치에 의뢰하여 실시한 "2020년 총선 유권자 인식 조사" 자료를 사용하여[01] 유권자들이 대통령 및 여야 정당에 대한 회고적 평가를 어떻게 투표선택에 반영하는지 살펴본다.

1. 이론적 논의

일반적으로 회고적 투표에 대한 연구는 대통령의 국정운영에 대한 회고적 평가에 초점을 맞추는 경향이 있다. 대통령제 하에서 대통령은 가장 눈에 띄는 정치적 행위자이며, 따라서 미디어 및 여론 또한 대통령의 통치 행위에 가장 높은 관심을 기울이기 마련이다. 그리고 구체적인 정책 영역 및 내용에 따라서 실제로 대통령이 정책의 결정 및 집행 과정에서 행사하는 영향력의 크기는 상이할 수 있음에도 불구하고 대부분의 유권자들은 국정운영의 최고 책임자인 대통령에게 궁극적인 정책 성패의 책임을 묻게 되며, 결과적으로 대통령은 자신이 통제할 수 없는 결과에 대해서까지 정치적 책임을 져야 하는 상황에 처하게

---

01 이 조사는 전국의 만18세 이상 유권자를 대상으로 성별, 지역별, 연령별 기준 바례 할당추출을 통해 2000명의 표본을 추출하여 이루어졌다. 조사는 CAWI(Computer Assisted Web Interview) 방식으로 진행되었으며, 표본오차는 무작위추출을 전제했을 때 95% 신뢰수준에서 ±2.2%이다.

된다. 이러한 의미에서 대통령의 국정운영에 대한 회고적 평가가 회고적 투표에서 핵심적인 지위를 차지하는 것은 매우 자연스러운 일이라고 할 수 있다.

그러나 총선에서 대통령이 실제로 유권자의 선택 대상이 되는 것은 아니다. 따라서 총선은 단순히 대통령의 국정운영에 대한 중간평가로서의 의미만을 가지는 것이 아니며, 지난 4년간 각 정당이 보인 활동과 성과를 심판하고 앞으로 4년 동안 어느 정당이 의회권력을 장악하는가를 결정하는 의미 또한 가진다. 따라서 의회권력을 놓고 경쟁하는 주요 정당에 대한 전망적 기대 또한 유권자들의 중요한 선택 기준이 될 수밖에 없으며, 미래에 대한 전망적 기대를 판단하기 위해 손쉽게 활용할 수 있는 여야 정당에 대한 회고적 평가가 유권자의 투표선택에 유의미한 영향을 끼칠 것이라고 예상할 수 있다.

물론 대통령과 함께 국정운영에 참여하는 여당은 국정운영의 결과와 성패의 책임을 일정 부분 대통령과 공유하게 되며, 또한 대통령의 국정운영에 대한 비판과 견제 역할을 수행하는 야당에 대한 평가 역시 대통령에 대한 평가로부터 완전히 자유로울 수는 없을 것이다. 그러나 입법권과 행정권 사이의 엄격한 분리에 기반한 대통령제 하에서 대통령에 대한 회고적 평가와 입법부를 구성하는 여야 정당에 대한 평가는 분명히 구분되어야 하는 현상이라고 할 수 있다. 실제로 주기적으로 이루어지는 여론조사에서도 대통령에 대한 지지도와 여야 각 정당에

대한 지지도의 변화 추이가 항상 일치하는 것은 아니다.[02]

　대통령에 대한 회고적 평가와 여야 정당에 대한 회고적 평가가 분리될 수 있는 것과 동시에, 여야 정당에 대한 회고적 평가가 대통령에 대한 회고적 평가와는 독립적으로 유권자의 투표선택에 유의미한 영향을 끼칠 수 있다. 과거 총선에서도 정부·여당에 대한 심판론과는 별개로 야당에 대한 심판론이 상당한 유권자들에게 공감을 얻고 실제로 투표선택에 유의미한 영향을 끼쳤다는 점이 확인된 바 있다(장승진 2012, 2016). 또한 흔히 중앙정치의 대리전으로 간주되어 온 한국의 지방선거에서조차도 중앙정부와는 구분되는 지방정부 수준의 회고적 평가가 현직 광역단체장에 대한 투표 여부에 독립적이고 유의미한 영향을 끼쳤다는 증거도 제시된 바 있다(배은진·엄기홍 2016; 신정섭 2018). 즉 많은 유권자들이 선거에서 서로 다른 정치적 행위자에게 각자의 역할에 걸맞은 정치적 책임을 물을 수 있고 실제로 묻고 있다는 것이다.

　따라서 본 장은 총선에 임하는 유권자들은 서로 다른 다양한 정치적 선택 대상에 대해 각기 회고적 평가를 내리고 있으며, 이 중 대통령의 국정운영에 대한 회고적 평가가 투표선택에 유의미한 영향을 끼치는가는 여야 주요 정당에 대한 회고적 평가 사이의 차별성에 따라 조

---

02 한국갤럽에서 실시한 주간 조사 결과에 따르면 2020년 제21대 총선 직전까지의 20주 동안 대통령의 국정운영을 긍정적으로 평가하는 응답자 비율의 변화와 민주당 및 자유한국당/미래통합당을 지지하는 응답자 비율의 변화 사이의 상관계수는 각기 0.562와 0.3598이었다(한국갤럽 데일리 오피니언 제396호).

건부로 나타날 수 있다고 주장한다. 보다 구체적으로 본 장에서 검증하는 가설은 다음과 같다. 총선에서 유권자들의 일차적인 선택 대상이 되는 것은 여야 주요 정당이며, 따라서 지난 국회에서 여야 정당의 활동에 대한 회고적 평가는 유권자들의 투표선택에 중요한 영향을 끼치게 된다. 물론 대통령의 국정운영에 대한 평가 또한 유권자의 투표선택에 영향을 끼치기 마련이지만, 대통령에 대한 회고적 평가의 영향력은 여야 정당에 대해 공통적으로 부정적으로 회고적 평가를 내리는 유권자들 사이에서 특히 두드러지게 나타날 것이다. 이러한 상호작용을 기대하는 이유는 두 가지 차원으로 설명할 수 있다. 첫 번째로 여야 정당의 활동에 대해 부정적으로 평가하는 유권자의 경우 그러한 부정적인 회고적 평가에도 불구하고 해당 정당을 지지하기 위한 이유를 대통령의 국정운영에 대한 평가에서 찾고자 하는 유인을 가질 수 있다. 그리고 두 번째로 만일 여야 정당에 대해 모두 부정적으로 평가하는 유권자라면 선택 대상 사이의 차별성을 찾기 어렵기 때문에 투표할 정당을 결정하기 위해 대통령에 대한 회고적 평가를 일종의 대체제로 활용될 수 있기 때문이다.

2. 데이터와 변수 조작화

본격적인 분석에 앞서 〈표5-1〉에서는 과연 제21대 총선에서 한국 유권자들이 선거의 의미를 어떻게 규정했는지 보여주고 있다. 응답자 중 "이번 선거는 정부와 여당을 심판하는 선거이다"라는 진술에 매우 혹은 대체로 공감하는 비율은 44.3%였으며, 별로 혹은 전혀 공감하지 않는 비율은 55.7%였다. 반면에 "이번 선거는 야당을 심판하는 선거이다"라는 진술에 매우 혹은 대체로 공감하는 비율이 62.25%를 기록함으로써, 제21대 총선에 정부·여당에 대한 심판으로서의 의미를 부여하는 비율보다 야당에 대한 심판으로서의 의미를 부여하는 비율이 훨씬 높은 것으로 나타났다. 게다가 응답자의 30%에 가까운 비율이 두 가지 심판론에 모두 공감한다고 대답한 동시에, 야당 심판론에는 공감하지 않으면서 정부와 여당만을 심판의 대상으로 삼는 응답자 비율은 전체 응답자의 15.25%에 그쳤다. 결과적으로 〈표5-1〉의 결과는 제21대 총선에서 한국 유권자들이 대통령이나 여당뿐만 아니라 야당 또한 주요한 회고적 평가의 대상으로 삼았을 가능성을 강하게 제시하고 있다.

〈표5-1〉 정부·여당 심판론과 야당 심판론에 대한 공감 여부 (%, N=2000)

		야당 심판론		합계
		공감	비공감	
정부·여당 심판론	공감	29.05	15.25	44.30
	비공감	33.20	22.50	55.70
합계		62.25	37.75	100

그렇다면 다양한 정치적 행위자에 대한 회고적 평가는 실제로 제21대 총선에서 나타난 유권자의 투표선택에 중요한 영향을 끼쳤는가?

이를 확인하기 위한 분석에 활용된 핵심적인 독립변수는 대통령의 국정운영에 대한 평가와 더불어 지난 제20대 국회에서 여당과 야당의 활동에 대한 회고적 평가이다. 먼저 대통령의 국정운영에 대한 평가는 선거 시점까지의 문재인 대통령의 직무수행을 평가해달라는 문항에 대해 응답자들이 0부터 10까지의 척도로 대답한 결과를 사용하였다. 전반적으로 응답자들은 해당 문항에 대해 5.787의 평균값을 기록하여 중간보다 약간 우호적인 평가를 내리고 있었지만, 〈그림5-1〉에 살펴볼 수 있듯이 응답자의 지지 정당에 따라 극명한 차이를 보였다.

〈그림5-1〉 지지 정당에 따른 대통령 국정운영 평가

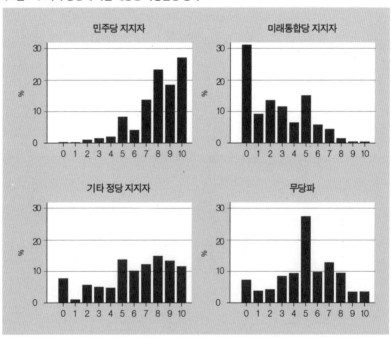

두 번째로 여야 정당에 대한 회고적 평가는 민주당과 미래통합당(자유한국당)을 대상으로 "지난 4년간 다음 각 정당의 활동에 대해서 얼마나 만족하십니까"라는 질문에 대한 대답을 사용하였다.[03] 각 변수는 4점 척도로 측정되었으며, 값이 커질수록 보다 긍정적인 회고적 평가를 의미하도록 코딩하였다. 민주당의 경우 전체 응답자의 45.4%가 (매우) 만족한다고 대답한 것에 비해 미래통합당에 대해서는 4년간의 활동에 (매우) 만족한다는 대답이 전체 응답자의 11.6%를 기록함으로써 민주당에 비해 매우 낮은 수준에 머물렀다. 물론 〈표5-2〉가 보여주듯이 여야 각 정당에 대한 회고적 평가 역시 응답자의 지지 정당에 따라 극명하게 갈리는 것은 사실이다. 그러나 정작 미래통합당을 지지하는 응답자 사이에서도 72.6%라는 높은 비율이 자신이 지지하는 정당에 대해 부정적인 평가를 내리고 있다는 사실은, 한국 유권자들 사이에서 제20대 국회 임기 동안의 미래통합당의 활동에 대한 회고적 평가가 유난히 부정적이었다는 점을 보여주고 있다.

---

03 제20대 국회가 개원하던 시점에는 민주당과 자유한국당(현 미래통합당) 외에도 국민의당이 세 번째 교섭단체를 구성하였다. 그러나 이후 소속 의원들이 여러 정당으로 이합집산을 거듭함에 따라 제21대 총선을 앞두고는 국민의당이 실질적인 회고적 평가의 대상이 될 정도의 정치적 존재감을 가지고 있었다고 하기 어렵다. 더구나 제21대 총선 또한 민주당과 미래통합당 사이의 양자대결로 진행되었다. 결과적으로 제20대 국회에서의 국민의당 활동에 대해서는 별도의 설문이 이루어지지 않았으며, 따라서 분석에도 포함되지 않았다.

<표5-2> 민주당과 미래통합당에 대한 회고적 평가 (%)

		전체 응답자	민주당 지지자	미래통합당 지지자	기타 정당 지지자	무당파
민주당	매우 만족한다	5.9	14.1	0.4	5.0	1.9
	만족한다	39.5	63.9	8.7	39.1	31.8
	불만족한다	38.7	20.9	43.3	42.7	49.0
	매우 불만족한다	16.0	1.1	47.6	13.2	17.3
미래 통합당	매우 만족한다	1.0	0.6	4.0	-	0.6
	만족한다	10.6	5.1	23.5	5.0	11.8
	불만족한다	43.1	28.8	63.2	33.6	49.4
	매우 불만족한다	45.4	65.5	9.4	61.4	38.2

대통령의 국정운영 및 여야 주요 정당의 활동에 대한 회고적 평가 외에도 제21대 총선의 투표선택에 영향을 끼칠 수 있는 다양한 통제 변수들이 통계 분석에 포함되었다. 먼저 일반적인 차원의 회고적 평가 와는 별개로 제21대 총선이 치러지던 시점에서 가장 중요한 이슈였다 고 할 수 있는 코로나19 감염병에 대한 정부 대응에 대한 응답자의 평 가를 통제하였다. 보다 구체적으로 "이번 코로나19 감염병에 대한 우 리나라 정부의 대처와 관리수준이 외국의 경우와 비교하여 어떻다고 생각하십니까"라는 질문에 대해 응답자들은 "매우 잘하고 있다"에서 "매우 잘 못하고 있다"에 이르는 5점 척도를 사용하여 대답했으며, 값 이 커질수록 코로나19 감염병에 대한 정부의 대응을 긍정적으로 평가 하는 것을 의미한다.[04] 또한 4년 동안의 한국 경제의 변화에 대한 평가

04 응답자의 절대 다수인 84%가 우리나라 정부가 외국에 비해 코로나19 감염병에 대 한 대응을 (매우) 잘하고 있다고 대답하였으며, (매우) 잘 못하고 있다는 대답은

(sociotropic evaluations)를 통제하였다. 한국 경제의 변화에 대한 평가는 3점 척도로 측정되었으며, 값이 커질수록 4년 전과 비교하여 한국 경제 상황이 좋아졌다고 평가하는 것을 의미한다.[05]

이와 더불어 응답자의 지지 정당과 진보-보수 이념성향이 통제변수로 포함되었다. 앞서 〈그림5-1〉과 〈표5-2〉에서 살펴보았듯이 유권자의 회고적 평가는 기존 정치적 성향에 따라 크게 달라지기 마련이며, 따라서 회고적 평가가 투표선택에 끼치는 독립적인 영향력을 확인하기 위해서는 응답자의 지지 정당 및 이념성향이 반드시 함께 고려되어야 한다. 그 외에도 응답자의 정치에 대한 관심도, 정치효능감,[06] 정치지식 수준,[07] 그리고 응답자의 기본적인 인구통계학적 변수들 역시 분석에 포함되었다.

7.7%에 그쳤다.

05 응답자의 과반에 달하는 54.85%가 4년 전에 비해 한국 경제 상황이 악화되었다고 대답하였으며, 호전되었다는 대답은 10.4%에 그쳤다. "잘 모르겠다"는 소수의 응답은 중간값인 "비슷하다"와 통합하였다.

06 정치효능감은 "나 같은 사람들은 정부가 하는 일에 대해 어떤 영향도 주기 어렵다," "정부는 나 같은 사람들의 의견에 관심이 없다," 그리고 "나는 한국이 당면하고 있는 중요한 정치 문제를 잘 이해하고 있다"의 세 문항에 대한 대답의 평균값으로 측정되었다. 각 문항에 대한 대답은 4점 척도로 측정되었으며, 값이 클수록 보다 높은 효능감을 의미하도록 코딩되었다.

07 정치지식 수준은 한국의 정치 상황 및 주요 제도, 그리고 국제뉴스에 대한 10개의 질문에 대해 옳바르게 대답한 개수를 사용하여 측정되었다.

3. 분석 결과

통계 분석을 위한 종속변수는 제21대 총선의 투표선택이며, 지역구 후보에 대한 투표와 비례대표 후보에 대한 정당투표를 각각 고려하였다. 지역구 후보에 대한 투표의 경우 여당인 민주당 후보에게 투표한 응답자를 1로 그 외 야당 후보에게 투표한 응답자를 0으로 코딩하였다.[08] 정당투표의 경우 양대 정당의 위성정당에 대한 투표를 모정당에 대한 투표로 간주하였다. 다만 지역구 후보에 대한 투표와는 달리 정당투표에서는 상당수의 유권자들이 양대 정당 외의 다른 정당에게 투표했다는 점을 고려하여 더불어시민당, 미래한국당, 그리고 기타 정당에게 투표한 응답자의 세 범주로 코딩하였다.

우선 〈표5-3〉은 지역구 후보에 대한 투표선택에 어떠한 변수들이 영향을 끼쳤는지 보여주는 프로빗(probit) 모형의 결과를 제시하고 있다. 우선 쉽게 예상할 수 있듯이 문재인 대통령의 국정운영에 대한 회고적 평가는 응답자의 지역구 투표선택에 유의미한 영향을 끼쳤다. 그리고 대통령의 국정운영에 대한 회고적 평가와 더불어 여당과 야당의 활동에 대한 회고적 평가 역시 여당 후보에게 투표할 확률에 명확하게 영향을 끼쳤다는 점을 확인할 수 있다. 즉 야당인 미래통합당에 대한

---

08 야당 후보에게 투표한 응답자의 대부분은 미래통합당 후보에게 투표하였다. 미래통합당 외의 군소 야당 후보에게 투표한 응답자들을 제외하고 양대 정당의 후보에게 투표한 응답자들만을 대상으로 분석을 실시해도 결과에는 별다른 차이가 없었다.

회고적 평가가 부정적일수록 그리고 여당인 민주당의 활동에 대한 회고적 평가가 긍정적일수록 지역구 투표에서 민주당 후보에게 투표할 확률이 유의미하게 증가하였다.

무엇보다도 〈표5-3〉이 보여주는 중요한 발견은 서로 다른 정치적 행위자에 대한 회고적 평가 사이의 상호작용 효과이다. 대통령의 국정운영에 대한 회고적 평가와 여야 각 정당에 대한 회고적 평가 사이의 상호작용항은 음의 계수를 가지고 있으며 통계적으로 유의미했다. 보다 구체적으로 제20대 국회에서 여당 및 야당의 활동에 대해 부정적으로 평가하는 응답자일수록 문재인 대통령의 국정운영에 대한 회고적 평가가 지역구 후보에 대한 투표선택에 끼치는 영향력이 보다 커졌다. 다시 말해서 여당 및 야당의 활동에 대해 만족하지 못하는 유권자일수록 대통령의 국정운영에 대한 회고적 평가를 자신의 투표선택에 보다 중요한 기준으로 반영한다는 것이다. 반면에 민주당이나 미래통합당의 활동을 긍정적으로 평가하는 유권자의 경우에는 문재인 대통령의 국정운영에 대한 평가가 투표선택에 거의 영향을 끼치지 않았다. 〈그림5-2〉는 대통령 및 여야 정당에 대한 회고적 평가 사이의 이와 같은 상호작용 효과를 시각적으로 제시하고 있다.

〈표5-3〉 제21대 총선의 지역구 후보에 대한 투표선택

	Coefficients (Robust Standard Errors)			
대통령 국정운영 평가	0.155*	(0.028)	0.344*	(0.071)
미래통합당 회고 평가	-0.273*	(0.063)	0.047	(0.165)
대통령 국정운영 평가×미래통합당 회고 평가			-0.058*	(0.028)
민주당 회고 평가	0.423*	(0.086)	0.676*	(0.150)
대통령 국정운영 평가×민주당 회고 평가			-0.044*	(0.021)
코로나19 대응 평가	0.166*	(0.037)	0.155*	(0.039)
국가경제 평가	0.126*	(0.052)	0.127*	(0.051)
민주당 지지	0.646*	(0.083)	0.655*	(0.084)
미래통합당 지지	-1.122*	(0.233)	-1.141*	(0.233)
기타 정당 지지	-0.172	(0.131)	-0.164	(0.134)
진보-보수 이념성향	-0.085*	(0.021)	-0.082*	(0.021)
정치적 관심	0.158*	(0.077)	0.163*	(0.078)
정치효능감	0.037	(0.109)	0.029	(0.107)
정치지식 수준	0.016	(0.019)	0.016	(0.018)
20대	-0.070	(0.130)	-0.085	(0.123)
30대	0.029	(0.140)	0.024	(0.141)
50대	0.188*	(0.083)	0.196*	(0.090)
60세 이상	-0.090	(0.083)	-0.094	(0.082)
교육수준 (대학 이상=1)	-0.190*	(0.060)	-0.184*	(0.061)
소득수준	0.032	(0.021)	0.033	(0.021)
고용 상태 (피고용=1)	-0.055	(0.102)	-0.071	(0.100)
고용 상태 (자영업=1)	0.064	(0.116)	0.056	(0.115)
주거 형태 (자가 소유=1)	-0.141	(0.081)	-0.148	(0.081)
성별 (여성=1)	-0.012	(0.065)	-0.007	(0.070)
거주 지역 통제	Yes		Yes	
Constant	-0.815*	(0.302)	-1.834*	(0.516)
pseudo-R^2	0.4850		0.4883	
N	1796		1796	

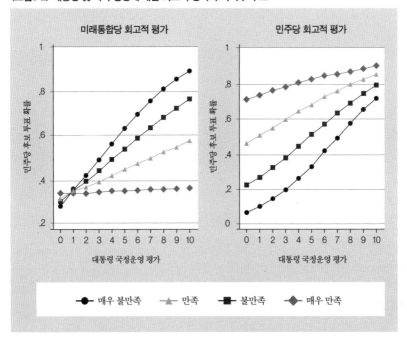

이어서 〈표5-4〉에서는 비례대표 정당투표에 대해 동일한 분석을 실시한 다항로짓(multinomial logit) 모형의 결과를 제시하고 있다. 〈표5-4〉의 결과는 기본적으로 〈표5-3〉과 큰 틀에서 별다른 차이를 보이지 않았다. 정당투표에서 야당에 비해 더불어시민당을 선택할 확률은 문재인 대통령의 국정운영을 긍정적으로 평가할수록 그리고 지난 4년간의 민주당의 활동을 긍정적으로 평가할수록 유의미하게 증가하였다. 미래통합당에 대한 회고적 평가는 더불어시민당과 미래한국당 사이의 선택에만 유의미한 영향을 끼쳤을 뿐, 더불어시민당과 기타 정당

사이의 선택에는 영향을 끼치지 않았다. 그리고 대통령에 대한 회고적 평가와 여야 정당에 대한 회고적 평가 사이의 상호작용 효과 또한 지역구 투표와 마찬가지로 비례대표 정당투표에서도 여전히 나타났다. 즉 비례대표 정당투표에서도 대통령의 국정운영 평가를 중요한 투표 선택 기준으로 사용하는 유권자들은 주로 여당 및 야당의 활동에 대해 부정적으로 평가하는 유권자들 사이에서 주로 발견된다는 것이다.

〈표5-4〉 제21대 총선의 비례대표 정당투표

	Coefficients (Robust Standard Errors)			
	미래한국당 (vs.더불어시민당)	기타 정당 (vs.더불어시민당)	미래한국당 (vs.더불어시민당)	기타 정당 (vs.더불어시민당)
대통령 국정운영 평가	-0.273* (0.051)	-0.140* (0.039)	-0.513* (0.180)	-0.390* (0.138)
미래통합당 회고 평가	0.866* (0.171)	0.090 (0.115)	0.072 (0.543)	0.110 (0.466)
대통령 국정운영 평가 ×미래통합당 회고 평가			0.185* (0.087)	0.000 (0.065)
민주당 회고 평가	-0.997* (0.174)	-0.459* (0.117)	-0.953* (0.415)	-1.189* (0.341)
대통령 국정운영 평가 ×민주당 회고 평가			-0.075 (0.067)	0.104* (0.043)
코로나19 대응 평가	-0.223 (0.135)	-0.169 (0.115)	-0.206 (0.138)	-0.124 (0.118)
국가경제 평가	-0.265 (0.189)	-0.140 (0.107)	-0.233 (0.203)	-0.150 (0.105)
민주당 지지	-1.523* (0.368)	-0.372* (0.159)	-1.298* (0.364)	-0.372* (0.158)
미래통합당 지지	3.135* (0.699)	1.923* (0.709)	3.177* (0.704)	1.845* (0.707)
기타 정당 지지	-0.097 (0.390)	1.832* (0.246)	-0.105 (0.381)	1.811* (0.243)
진보-보수 이념성향	0.316* (0.066)	0.043 (0.040)	0.324* (0.066)	0.046 (0.039)
Control variables	Yes		Yes	
Constant	2.109 (1.197)	3.411 (1.039)	3.482* (1.594)	5.022* (1.356)
pseudo-R^2	0.3651		0.3722	
N	1796		1796	

주: 〈표5-3〉과 동일한 통제변수들이 포함되었으나 결과에 큰 차이가 없어 여기에서는 생략되었다.
*$p < 0.05$.

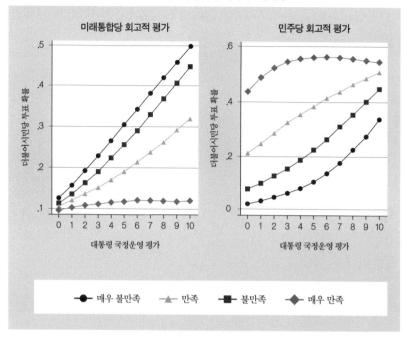

〈그림5-3〉 대통령 및 여야 정당에 대한 회고적 평가와 비례대표 정당투표

이상의 분석을 종합해보면 한국의 총선에서 발견되는 회고적 투표에 대해 새로운 측면이 명확하게 드러난다. 먼저 유권자의 지지 정당이나 이념성향을 통제한 이후에도 대통령의 국정운영에 대한 회고적 평가는 여전히 중요한 투표선택 기준으로 작용하고 있다. 즉 대통령의 임기 중에 실시되는 총선이 중간평가로서의 성격을 불가피하게 띠게된다는 익숙한 사실이 다시금 확인되는 것이다. 그러나 한국 유권자들이 대통령의 국정운영에 대한 평가에 기대에 무조건적으로 회고적 투표에 나선다고 할 수는 없다. 총선은 기본적으로 국회의 구성원을 선

출하는 선거이며, 실제로 한국 유권자들은 국회를 구성하는 여야 정당 역시 주요한 회고적 평가의 대상으로 삼고 있다. 즉 지난 국회에서의 여당이나 야당의 활동에 대해 긍정적으로 평가하는 유권자라면-대통령의 국정운영에 대한 평가와는 독립적으로-해당 정당 및 소속 후보에게 투표할 확률이 유의미하게 증가하였다. 반면에 여야 정당의 활동에 대해 부정적으로 평가하는 유권자들은 대통령의 국정운영에 대해 어떠한 평가를 내리는가에 따라 어느 정당에게 투표할 것인가를 결정하는 경향이 강해진다. 다시 말해서 한국 총선에서 나타나는 회고적 투표는 다양한 정치적 행위자에 대해 복합적으로 이루어진다는 것이다.

그렇다면 여야 정당의 활동에 대한 회고적 평가가 부정적일수록 대통령의 국정운영에 대한 평가에 기대어 투표한다는 사실이 구체적으로 어떠한 의미를 가지는가? 무엇보다도 여야 정당에 대한 회고적 평가는 서로 독립적이지 않을 가능성이 높기 때문에, 민주당에 대한 평가와 미래통합당에 대한 평가를 동시에 고려할 필요가 있다. 이를 위해 〈표5-5〉에서는 대통령 및 여야 정당에 대한 회고적 평가 사이의 삼원(three-way) 상호작용 효과를 살펴보고 있다. 분석 결과에 따르면 세 가지 회고적 평가 사이의 상호작용항은 지역구 투표에서나 비례대표 정당투표에서나 모두 통계적으로 유의미한 영향을 끼치고 있다. 즉 대통령의 국정운영에 대한 평가가 유권자의 투표선택에 어떠한 영향을 끼치는가는 여당 및 야당에 대한 회고적 평가 사이의 조합에 따라 달라진다는 것이다. 이어지는 〈그림5-4〉는 세 변수 사이의 상호작용 효과가 구체적으로 어떠한 형태로 나타나는지 직관적으로 보여주고 있다.

〈표5-5〉 제21대 총선의 지역구 투표 및 비례대표 정당투표, three-way 상호작용 효과

	Coefficients (Robust Standard Errors)		
		비례대표 정당투표	
	지역구 투표 (민주당=1)	미래한국당 (vs.더불어시민당)	기타 정당 (vs.더불어시민당)
대통령 국정운영 평가	0.74* (0.12)	-1.32* (0.42)	-0.81* (0.33)
미래통합당 회고 평가	0.78* (0.23)	-2.09 (1.38)	-1.30 (1.30)
대통령 국정운영 평가 ×미래통합당 회고 평가	-0.33* (0.06)	0.71* (0.25)	0.31 (0.21)
민주당 회고 평가	1.20* (0.21)	-2.69* (1.04)	-1.88* (0.86)
대통령 국정운영 평가 ×민주당 회고 평가	-0.20* (0.04)	0.30 (0.16)	0.25* (0.11)
미래통합당 회고 평가 ×민주당 회고 평가	-0.34* (0.13)	1.02 (0.55)	0.49 (0.48)
대통령 국정운영 평가 ×미래통합당 회고 평가 ×민주당 회고 평가	0.11* (0.02)	-0.23* (0.10)	-0.11 (0.07)
코로나19 대응 평가	0.16* (0.04)	-0.22 (0.14)	-0.12 (0.12)
국가경제 평가	0.12* (0.05)	-0.22 (0.21)	-0.15 (0.11)
민주당 지지	0.63* (0.08)	-1.30* (0.36)	-0.36* (0.16)
미래통합당 지지	-1.11* (0.23)	3.19* (0.71)	1.87* (0.71)
기타 정당 지지	-0.17 (0.13)	-0.12 (0.39)	1.82* (0.24)
진보-보수 이념성향	-0.09* (0.02)	0.33* (0.07)	0.05 (0.04)
Control variables	Yes	Yes	Yes
Constant	-2.92* (0.63)	6.89* (2.75)	6.93* (2.49)
pseudo-R^2	0.4940	0.3741	
N	1796	1796	

주: 〈표5-3〉과 동일한 통제변수들이 포함되었으나 결과에 큰 차이가 없어 여기에서는 생략되었다.
*$p < 0.05$.

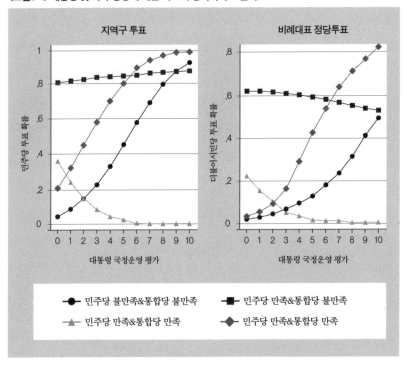

〈그림5-4〉대통령 및 여야 정당에 대한 회고적 평가와 투표선택

〈그림5-4〉에 따르면 대통령의 국정운영에 대한 평가가 투표선택에
끼치는 영향력은 주로 여야 정당에 대한 회고적 평가가 차별적이지 않
은 유권자 사이에서 나타난다는 사실을 관찰할 수 있다. 즉 민주당과
미래통합당에 대한 회고적 평가가 모두 긍정적이거나 혹은 모두 부정
적인 유권자들 사이에서 대통령의 국정운영에 대한 평가가 달라짐에
따라 여당인 민주당에게 투표할 확률이 유의미하게 변화했다. 물론 민
주당과 미래통합당의 활동에 대해 모두 만족한다고 대답한 응답자의

숫자는 극소수에 불과하므로, 대부분의 경우는 여야 주요 정당에 대해 모두 부정적인 회고적 평가를 내리는 유권자들이 여기에 해당할 것이다. 반면에 민주당이나 미래통합당 중 어느 한 정당의 활동에 대해서만 긍정적으로 평가하는 유권자 사이에서는 대통령의 국정운영 평가가 투표선택에 끼치는 영향력은 미미한 수준이었다. 민주당에 대해서는 긍정적으로 평가하면서 미래통합당에 대해서 부정적으로 평가하는 유권자들은 대통령의 국정운영에 대한 회고적 평가와는 무관하게 민주당에게 투표할 확률이 높았으며, 마찬가지로 미래통합당에 대해서 긍정적으로 평가하면서 민주당의 활동에 만족하지 못하는 유권자들은 대통령의 국정운영에 대한 평과와 무관하게 민주당에게 투표하지 않았다.

〈그림5-4〉의 결과는 대통령의 국정운영에 대한 회고적 투표와 여야 정당에 대한 회고적 투표가 서로 대체제로서의 역할을 할 가능성을 강하게 암시한다. 흔히 대통령의 임기 중간에 실시되는 총선은 대통령의 업무수행에 대한 중간 평가의 성격을 가지기 마련이라고 하지만, 이는 모든 유권자들에게 적용되는 것은 아니라고 할 수 있다. 총선에서 유권자들이 선택하는 대상은 기본적으로 여야 정당이며, 실제로 여야 정당 중 어느 정당에 대해 보다 긍정적인 회고적 평가를 내리는가는 해당 정당에 투표할지 여부에 실질적으로나 통계적으로 유의미한 영향을 끼쳤다. 그러나 여야 정당에 대한 회고적 평가가 서로 차별적이지 않은 유권자의 경우에는, 보다 구체적으로 여야 정당에 대해

모두 부정적으로 평가하기 때문에 정당 차원의 회고적 평가를 투표선택의 기준으로 삼을 수 없는 유권자의 경우에는, 대통령의 국정운영에 대한 회고적 평가를 대안적으로 활용하여 어느 정당에게 투표할 지를 결정한다. 다시 말해서 총선에서 대통령은 조건부로 회고적 투표의 대상이 된다는 것이다.

4. 소결

흔히 언론과 미디어는 유권자들이 후보가 제시한 정책과 공약을 염두에 두고, 누가 집권했을 때 바람직한 결과를 가져올 것인가라는 전망적 평가에 기대어 투표하는 것이 바람직한 투표행태라고 묘사하곤 한다. 반면에 소위 심판론에 기대는 회고적 투표는 과거에 얽매인, 따라서 보다 중요한 선택 기준을 가려버리는 당파적 행태로 치부되기 일쑤이다. 그러나 후보의 정책과 공약에 대한 평가 또한 당파적 고려로부터 자유로울 수는 없으며, 합리적으로 무지한 유권자들이 전망적 기대를 판단하기 위해서는 역으로 회고적 평가에 기댈 수밖에 없다. 더구나 2장에서 언급했듯이 대의제 민주주의 하에서 정치적 책임성과 반응성을 제고하는데 있어서 유권자의 회고적 투표 행태가 차지하는 비중이 결코 적지 않다. 이러한 의미에서 유권자들이 회고적 평가를 얼마나 어떻게 활용하여 지지 후보 및 정당을 결정하는가는 한국의 선거와 민주주의를 이해하는데 중요한 의미를 가진다고 할 수 있다.

본 장의 분석 결과는 총선에서 한국 유권자들이 상당히 합리적이고 예측가능한 방식으로 회고적 투표에 나서고 있다는 것을 보여주고 있다. 한국 유권자들은 단순히 대통령에 대한 지지 혹은 반대를 표출하기 위하여 투표하는 것도 아니었으며, 그렇다고 해서 정부가 어떻게 국정운영을 했는가와 무관하게 지지 후보를 결정하지도 않았다. 총선에서 일차적인 선택 대상인 여야 주요 정당에 대한 회고적 평가는 실제 해당 정당에 투표할 확률에 유의미한 영향을 끼쳤다. 즉 한국 유권자들은 지난 4년간의 활동을 긍정적으로 평가하는 정당에게 제21대 총선에서 다시 표를 주었다는 것이다. 그리고 여야 정당에 대해 부정적인 회고적 평가를 내리는 유권자들 사이에서, 특히 두 정당 모두 부정적으로 평가하기 때문에 정당 차원의 회고적 평가에 있어서 별다른 차별성을 발견하지 못하는 유권자들 사이에서는 대통령의 국정운영에 대한 평가가 대신 투표선택에 큰 영향을 끼친 것으로 나타났다. 즉 제21대 총선에서 한국 유권자들은 다양한 정치적 주체에 대해 각자의 역할에 걸맞은 정치적 책임을 물었다는 것이다.

한국 지방선거에서의 회고적 투표: 제7회 전국동시지방선거 사례

1991년 지방자치제도가 부활한 이후 지금까지 수차례에 걸쳐 전국동시지방선거가 치러졌지만, 여전히 한국의 지방선거가 지역 차원의 풀뿌리 민주주의의 장으로서 제 역할을 다하고 있는지에 대해서는 회의적인 목소리가 대부분이다. 한국의 지방선거에 대한 가장 주된 비판의 초점은 지방선거가 지방정부를 구성하는 본래의 기능보다는 당파적 논리에 종속된 중앙정치의 대리전을 벗어나지 못하고 있으며, 결과적으로 지역 차원의 쟁점과 이해관계가 선거과정에서 대변되지 못한다는 데에 맞춰져 있다. 실제로 지방선거에 출마한 대부분의 야당 소속 후보자들은 지방선거에 정권심판의 의미를 부여하기 위해 노력하는 반면에 여당 소속 후보자들은 지방선거에서의 승리를 통해 대통령의 국정수행을 지원해야 한다고 호소하는 모습이 매 지방선거마다 가장 주된 선거운동의 내용으로 반복되어 왔다.

물론 한국 지방선거가 중앙정치의 대리전 양상으로 흐르게 된 것은 어느 특정 정당이나 후보자의 잘못이라기보다는 지방선거가 치러지는 제도적 맥락에서 기인하는 측면도 크다. 우선 시기적으로도 대통령 임기 중에 선거가 실시될 뿐만 아니라, 전국의 각급 단체장 선거와 지방의회 선거가 한꺼번에 치러지기 때문에 한정된 자원으로 선거운동을 효율적으로 조직하고자 하는 정당 및 후보자의 입장에는 개별 지역의 현안과 쟁점을 강조하기보다는 전국적 차원의 이슈를 제기하는 것이 전략적으로 합리적인 선택이라고 할 수 있다. 또한 교육감선거를 포함하여 총 7개의 선거가 동시에 실시되다 보니 유권자의 입장에서도 각 선거별로 개별 후보자의 정책과 공약에 대한 구체적인 정보에 기반하여 투표한다는 것이 현실적으로 어려우며, 결과적으로 지지하는 정당이나 대통령의 국정운영에 대한 평가 등과 같이 손쉽게 활용할 수 있는 정보의 첩경(informational shortcuts)에 의존하는 것이 자연스러운 선택이라고 할 수 있다.

그러나 지방선거가 불가피하게 중앙정치의 영향력 하에서 치러질 수밖에 없도록 하는 제도적 맥락과는 별개로, 지방선거의 일차적인 기능이 지역의 대표자를 선출하여 지방정부를 구성하는 것이라는 사실에는 변함이 없다. 따라서-중앙정부를 구성하는 선거와 마찬가지로-지방선거 또한 전임 정부의 공과에 대한 평가 및 그에 따른 보상과 처벌을 통해 정치적 책임성(accountability)을 확보하는 역할을 해야 한다. 이러한 측면에서 한국 지방선거의 초점이 지방정부가 아닌 중앙정치에 맞추어져 있다면 이는 단순히 지방선거의 한계에 그치는 것이 아니라 과연 한국의 지방자치제도가 정치적 책임성의 기초 위에서 운영되고 있는가에 대한 근본적인 회의와 연결될 수밖에 없다.

본 장이 제기하는 핵심적인 질문은 지방선거에 임하는 한국 유권자들이 실제로 중앙정부에 대한 평가와 태도에 전적으로 기대어 지방선거의 후보자에게 투표하는지 아니면 지방정부의 업무수행과 성과에 대한 평가 역시 그들의 투표선택에 독립적인 영향을 끼치는가에 있다. 물론 한국 지방선거를 다룬 기존 연구들도 지역주의 정당 지지나 정권심판론과 같은 중앙정치의 정당 요인 외에도 현직효과(incumbency advantage)와 같은 지역 차원의 변수가 선거 결과 및 후보 득표율에 독립적인 영향을 끼친다는 점을 보여준 바 있다(황아란 2013, 2015, 2016). 그러나 집합적 자료를 통해 드러난 현직효과의 존재만으로는 지방정부 차원의 정치적 책임성이 확보되고 있다는 증거가 되기 어려우며, 더욱 중요한 것은 현직자에 대한 회고적 평가의 내용에 따라 유권자의 투표선택이 실제로-그리고 어떻게-변화하는가를 미시적으로 분석하는 작업이라고 할 수 있다.

　만일 중앙정치의 강력한 영향력에도 불구하고 지역 수준의 회고적 평가가 유권자의 투표선택에 독립적이고 유의미한 영향을 끼친다면, 이는 지방선거가 전적으로 중앙정치의 논리에 의해서만 좌우되지는 않으며 지방정부 수준의 정치적 책임성 역시 일정 정도 확보되고 있다는 것을 보여준다는 의미를 가진다. 다시 말해서 본 장의 시도는 한국의 지방선거에서 중앙정부와 지방정부 각 수준에 대한 회고적 평가가 동시에 상호작용하는 다층적 회고적(multi-level retrospective) 투표가 이루어지고 있다는 점을 실증적으로 보여주고자 하는 시도이다.

1. 이론적 논의

한국의 지방선거에 대한 본격적인 학술적 분석은 주로 2000년대 이후에 실시된 지방선거에 초점을 맞추어 이루어졌다. 그리고 이러한 분석을 통해 드러난 한국 지방선거의 가장 주된 특징은 지역의 고유한 현안이나 이슈를 둘러싼 경쟁이 이루어지기 보다는 대통령 및 집권여당에 대한 중간평가의 성격이 강하다는 것이다. 예를 들어 2002년, 2006년, 2010년과 같이 대통령의 임기 중·후반에 실시된 지방선거에서는 야당이 정권심판론에 힘입어 승리를 거두고, 반대로 2014년과 2018년과 같이 대통령 임기 초반에 실시된 지방선거에서는 새로운 정부에 대한 기대감으로 인해 오히려 여당이 승리를 거두는 패턴이 반복되어 왔다.

2000년대 이후 한국 지방선거의 결과에 대한 중앙정치 중심의 해석은 유권자들의 투표행태에 대한 다양한 경험적 연구에 의해서도 뒷받침되고 있다. 기존 연구에 따르면 지방선거에서 나타나는 한국 유권자들의 후보 지지 및 투표선택에 영향을 끼치는 가장 중요한 요인으로는 유권자의 정당일체감과 더불어 대통령의 국정수행 및 국가경제의 변화에 대한 회고적 평가가 일관되게 꼽힌다(강원택 2006; 김진하 2010; 송건섭·이곤수 2011; 이곤수·송건섭 2011; 조성대 2018; 황아란 2013, 2014, 2016). 물론 회고적 평가의 영향력은 일방적이지 않으며 유권자의 다른 정치적 성향과의 상호작용을 통해 나타날 수 있다. 예를 들어 회고적 평가의 영향력은 여당과 야당에 대해 양가적인(ambivalent) 태도를 가지고 있는 유권자들 사이에서 특히 강하게 나타나는 반면에, 이미 특정한 정당에 대해 분명한 호불호를 나타내는 유권자들 사이에서는 투표선택에 끼치는 영향력이 약화되는 경향이 있다(오현주 외 2014). 또한 2014년 지방선거를 앞두고 발생한 세월호 사건이 보여주듯이, 유권자의 회고적 평가는 정치적 사건과 사고의 발생에 의해 기계적으로 결정되는 것이 아니다. 오히려 유권자들은 문제해결 과정에서 드러나는 각 정당의 정치적·정책적 역량에 대한 평가를 끊임없이 업데이트하며, 이러한 평가의 결과를 투표선택에 적극적으로 반영한다(박원호·신화용 2014; 이현우 2015).

그러나 한국의 지방선거에서 유권자들의 회고적 투표가 적극적으로 이루어진다는 기존의 연구 결과를 그대로 받아들이는 것은 오히려 한국 지방선거에 대한 매우 역설적인 결론에 도달할 수 있다. 즉 지방선거의 일차적인 기능이 지역의 대표자를 선출하여 지방정부를 구성하는 것임에도 불구하고, 정작 회고적 평가의 초점은 지방정부가 아닌 중앙정부에 맞춰져 있다는 사실이다. 물론 한국의 지방정부가 독자적으로 정책을 수립할 수 있는 범위가 제한적이며, 특히 낮은 재정자립도로 인해 정책 집행을 위해서 중앙정부에 크게 의존할 수밖에 없다는 현실은 중앙정부에 대한 평가를 통해 지방정부의 정치적 책임을 묻는 것이 어느 정도 합리적인 방법일 수 있다는 것을 의미한다. 그러나-한국 지방자치제도의 제도적 한계에도 불구하고-지방정부가 중앙정부의 단순한 하위 집행기관에 그치는 것이 아니라 독자적인 정책결정 권한을 일정하게 행사하는 만큼 중앙정부에 대한 평가를 통한 지방정부의 정치적 책임성 확보는 간접적이며 부분적일 수밖에 없다. 예를 들어 강신구(2014)의 연구에 따르면 비록 많은 유권자들이 지방선거는 지방정부를 구성하기 위한 선거이며 따라서 중앙정치보다는 지역의 현안이 더 중요한 선거라고 인식하고 있음에도 불구하고-중앙정치가 더 중요하다고 인식하는 유권자뿐만 아니라 지방선거의 지역적 성격을 중시하는 유권자들조차도-정작 실제 투표선택에서는 자신이 거주하는 지역의 현직자보다는 대통령에 대한 태도를 더 크게 고려하는 것으로 나타났다.

동시에 한국 지방선거에 대한 기존의 분석은 회고적 평가의 대상을 지나치게 중앙정부와 지방정부 사이의 이분법적인 선택으로 이해함으로써 한국 지방선거에서 나타나는 회고적 투표의 다층적 구조를 제대로 밝히지 못하고 있다. 다시 말해서 본 장의 핵심적인 주장은 지방선거에서 유권자들은 지방정부 또한 독립적인 회고적 평가의 대상이 될 수 있으며, 결과적으로 중앙정부 수준과 지방정부 수준의 회고적 투표가 동시에 이루어지고 있다는 것이다. 다만 앞서 언급한 한국 지방자치제도의 한계로 인해 지방정부에 대한 회고적 평가의 영향력은 무조건적으로 나타나는 것이 아니라 지방정부와 중앙정부 간 정책결정 권한의 균형에 대한 유권자의 인식에 따라 조건부로 나타나게 될 것이라고 예상할 수 있다.

중앙정부에 대한 회고적 평가와 구분되는 지역 수준의 회고적 평가가 유권자의 투표선택에 반영되고 있을 가능성은 기존 연구에 의해서도 일부 제시된 바 있다. 대표적인 예로서 정당 지지나 정권심판론과 같은 중앙정치 요인 외에도 현직효과(incumbency advantage)와 같은 지역 차원의 변수가 지방선거의 결과 및 후보 득표율에 독립적인 영향을 끼친다는 점은 잘 알려져 있다(황아란 2013, 2015, 2016). 그러나 현직 효과 자체는 현직자의 업무수행에 대한 회고적 평가의 내용을 고려할 수 없다는 점에서 지방선거에서 나타나는 회고적 투표의 다층적 구조를 밝히는데 한계를 가질 수밖에 없다. 또한 최근의 몇몇 연구는(배은진·엄기홍 2016; 신정섭 2019) 광역단체장에 대한 투표선택에 있어서 대통령의 국정운영에 대한 평가를 통제한 이후에도 지역경제 상황에 대한 회고적 평가가 유의미한 영향을 끼친다는 점을 보여준 바 있다. 다만 이들의 분석은 국가경제에 대한 평가가 지역경제에 대한 평가에 영향을 줄 수 있음에도 불구하고 전자를 명시적으로 통제하지 않은 채로 통계분석을 실시하고 있다는 점에서 한계를 가진다. 또한 회고적 투표는 경제투표 외의 다양한 측면에 대한 평가를 통해서도 이루어질 수 있다는 점에서 경제상황에 대한 평가에만 초점을 맞추었다는 점 역시 아쉬운 점으로 지적할 수 있다.

본 장은 이러한 문제의식에서 2018년 지방선거 직후 실시된 설문조사를 사용하여 현직 광역단체장에 대한 투표에 중앙정부 수준과 지방정부 수준의 회고적 평가가 각기 어떻게 반영되는지 분석한다. 광역단체장 선거에 초점을 맞추는 이유는 지방의회에 대한 유권자의 정보 부족 및 무관심, 또한 단체장에 비해 상대적으로 미약한 지방의회의 권한 등을 고려했을 때 지방의회 의원선거보다는 단체장 선거에서 회고적 투표가 주로 나타날 것이라는 예상되기 때문이다.[01] 그리고 기초단체장이 아닌 광역단체장에 초점을 맞추는 이유는 본 장에서 사용하는 자료의 한계로 인해 지역경제 상황 및 단체장의 업무수행에 대한 회고적 평가가 광역자치단체 수준에서만 설문이 이루어졌기 때문이다.

보다 구체적으로 본 장은 중앙정부와 지방정부의 두 수준에서의 회고적 평가를 동시에 고려하여 과연 중앙정부에 대한 회고적 평가를 통제한 이후에도 지방정부 수준의 회고적 평가가 유권자의 투표선택에 독립적인 영향을 끼치는지 확인하고자 한다. 또한 경제상황에 대한 인식 외에도 각 정부의 수반의 정책과 업무수행에 대한 직접적인 평가를 함께 고려함으로써 회고적 평가의 수준뿐만 아니라 평가의 영역에 있어서도 회고적 투표의 다층적 구조를 보여주고자 한다.

---

01 물론 지방 수준의 회고적 평가의 영향력이 나타나기 상대적으로 용이한 사례를 분석하는 것에 대해 비판적인 시각도 존재할 수 있다. 그러나 지금까지 한국 지방선거를 다룬 거의 모든 연구들이 지역 수준의 회고적 투표가 이루어진다는 증거를 발견하지 못한 상황에서, 광역단체장 선거에서라도 분명한 증거가 존재한다고 보여주는 것은 충분한 학술적 가치를 가진다고 판단된다. 광역단체장 선거를 넘어서 기초단체장 선거나 지방의회 의원선거에서도 개별 지역 수준의 회고적 투표가 관찰되는가에 대해서는 앞으로 지속적인 후속 연구를 통해 보완될 필요가 있다.

2. 데이터와 변수 조작화

경험적 분석을 위해 본 논문은 서울대학교 한국정치연구소가 2018년 제7회 전국동시지방선거 직후 한국리서치에 의뢰하여 실시한 "2018 지방선거 사후조사" 자료를 사용한다. 이 조사는 전국의 만19세 이상 성인남녀를 대상으로 지역별, 성별, 연령별 기준 비례할당추출을 통해 3006명의 표본을 추출하여 이루어졌다.[02] 분석을 위한 종속변수는 2018년 광역단체장선거의 투표선택이며, 현직자에게 투표한 경우를 1로 다른 후보에게 투표한 경우를 0으로 코딩하였다. 물론 17개 광역자치단체 중 대전, 광주, 충남, 전남, 경남, 경북 등 6개 광역자치단체장 선거에서는 현직자가 출마하지 않았으며, 해당 지역에서는 현직자와 같은 정당 소속 후보에게 투표한 경우를 현직자에 대한 투표로 간주하였다.

2018년 광역자치단체장 선거에서 나타나는 다층적 회고적 투표를 살펴보기 위한 분석의 핵심적인 독립변수로 중앙정부 수준의 회고적 평가와 광역자치단체 수준의 회고적 평가를 동시에 고려하였다. 우선 회고적 평가의 가장 중요한 요소가 경제상황의 변화에 대한 평가라는 점에서 "선생님께서는 지난 1년 동안 우리나라의 경제상황이 어떻게

---

02 보다 구체적으로 이 조사는 표본으로 추출된 응답자들에게 휴대전화 문자와 이메일을 통해 url 및 모바일CX를 발송하여 응답을 받는 웹조사로 이루어졌다. 응답률은 7.6%이고, 표본오차는 무작위추출을 전제했을 때 95% 신뢰수준에서 ±1.8%이다.

변했다고 생각하십니까?"와 "선생님께서는 지난 4년간 [응답자의 거주 지역]의 경제상황이 어떻게 변화했다고 생각하십니까?"라는 두 질문에 대한 응답을 독립변수로 포함하였다. 두 질문에 대한 응답은 모두 3점 척도로 측정되었으며, 값이 커질수록 국가 및 지역의 경제상황이 좋아졌다는 평가를 의미한다. 물론 국가 수준의 평가와 지역 수준의 평가가 각기 1년과 4년이라는 서로 다른 시간 범위를 상정하고 있다는 차이가 있기는 하지만, 두 유형 모두 기존의 선거후조사에서 일반적으로 사용되는 질문 형태이며 또한 서로 다른 시간 범위가 유권자의 회고적 평가에 본질적인 차이를 가져올 것이라고 예상하기는 어렵다는 점에서 그대로 사용하였다.

경제상황의 변화에 대한 평가와 더불어 현직 대통령과 광역단체장의 업무 수행에 대한 회고적 평가 역시 분석에 포함되었다. 먼저 현직 광역단체장의 업무 수행에 대한 회고적 평가는 "선생님께서는 지난 4년간 [응답자 거주 지역]의 광역단체장 업무수행에 대해 어떻게 평가하십니까?"라는 질문에 대한 5점 척도의 응답을 사용하였으며, 값이 커질수록 보다 긍정적인 평가를 의미한다. 다만 대통령에 대한 회고적 평가의 경우 설문조사에 문재인대통령의 취임 이후 국정운영에 대한 응답자의 평가를 직접적으로 묻는 문항이 포함되어 있지 않았다.[03] 따

---

03 설사 대통령의 국정운영에 대한 평가를 직접적으로 묻는 문항이 있다고 하더라도 2018년 지방선거가 문재인대통령 취임 후 불과 1년여 정도 흐른 시점에 실시되었다는 점에서 유의미한 회고적 평가가 이루어졌을지 회의적인 것 또한 사실이다.

라서 본 논문의 분석에서는 불가피하게 대통령에 대한 회고적 평가를 다른 문항을 사용하여 간접적으로 측정할 수밖에 없었으며, 본 논문의 분석에서는 "선생님께서는 문재인 정부의 대북정책에 대해서 어떻게 평가하십니까?"라는 질문에 대한 4점 척도의 응답을 사용하였다. 물론 문재인대통령의 전반적인 국정운영에 대해서가 아니라 대북정책이라는 특정한 영역에 국한된 질문이기는 하지만, 2018년 지방선거의 경우 같은 해 4월과 5월에 잇달아 열린 남북정상회담과 선거 하루 전에 열린 사상 최초의 북미정상회담의 맥락 속에서 치러졌으며 결과적으로 문재인대통령의 대북정책이 선거를 앞두고 가장 중요한 정치적 쟁점으로 부각되었다는 점에서 대통령의 국정운영에 대한 평가의 매우 중요한 부분을 포함하고 있을 것으로 기대할 수 있다.[04]

유권자의 투표선택에 국가 수준 및 지역 수준의 회고적 평가가 어떠한 영향을 끼치는지 살펴보는데 있어서 몇 가지 주의해야 할 점이 있다. 첫 번째로 국가 수준의 회고적 평가의 경우 현직 광역단체장이 여당 소속인가 야당 소속인가에 따라서 국가 수준의 회고적 평가의 영향력이 반대로 나타날 수 있다. 따라서 국가 수준의 회고적 평가와 관련한 두 변수는 광역단체장의 소속 정당을 나타내는 가변인과의 상호

---

04 대통령 국정운영에 대한 평가는 결국 대통령에 대한 지지 여부와 밀접한 관계를 가진다는 점에서 대북정책에 대한 평가의 대안으로 문재인대통령에 대한 호감도 (feeling thermometer)와 2017년 대통령선거에서 문재인 후보에게 투표했는가 여부를 사용하여 분석을 진행했을 때에도 이하의 분석결과에는 차이가 없었다.

작용항의 형태로 포함되었다. 두 번째로 지역 수준의 회고적 평가의 경우 현직자의 출마 여부에 따라 투표선택에 끼치는 영향력의 크기가 다를 수 있다. 즉 현직자가 선거에 출마한 경우에 비해 현직자가 출마하지 않은 경우에는-비록 같은 정당 소속이라 할지라도-회고적 평가의 영향력이 상대적으로 하락할 수 있다는 것이다. 이러한 점을 고려하여 지역 수준의 회고적 평가와 관련한 두 변수는 현직자 출마 여부를 나타내는 가변인과의 상호작용항의 형태로 분석에 포함되었다.

국가 수준 및 지역 수준의 회고적 평가를 나타내는 독립변수 외에 유권자의 투표선택에 영향을 끼칠 수 있는 다양한 통제변수들이 분석에 포함되었다. 우선 유권자의 진보-보수 이념성향과 지지 정당이 통제되었다. 이념성향은 매우 진보를 의미하는 0부터 매우 보수를 의미하는 10까지의 11점 척도로 측정되었으며, 지지 정당은 지지하는 정당이 없는 무당파 유권자를 기준 범주로 민주당 지지자와 자유한국당 지지자, 그리고 기타 정당 지지자를 의미하는 가변인의 형태로 측정되었다. 국가 수준의 회고적 평가와 마찬가지로 이념성향과 지지 정당 역시 광역단체장의 소속 정당과의 상호작용항 형태로 분석에 포함되었다. 또한 연령, 교육수준, 소득수준, 주택 소유 여부, 성별 등 다양한 인구사회학적 요인도 통제되었다. 마지막으로 유권자 수준에서 설명되지 않는 광역자치단체별 정치적 차이를 통제하기 위해 유권자의 거주 지역이 가변인 형태로 포함되었다.

3. 분석 결과

〈표6-1〉은 로짓(logit) 모형을 사용하여 유권자의 현직자에 대한 투표 여부에 국가 및 지역 수준의 회고적 평가가 끼치는 영향력을 분석한 결과를 보여주고 있다. 가설검정을 위한 표준오차는 지역 간 나타날 수 있는 이분산성(heteroskedasticity)를 고려하여 17개 광역자치단체 수준에서 군집화된 로버스트 표준오차(clustered robust standard errors)를 사용하였다.

〈표6-1〉에서 가장 먼저 눈에 띄는 점은 한국의 지방선거에서 중앙정치의 영향력이 압도적이었다는 기존의 평가에 부합하듯이 국가경제에 대한 회고적 평가와 대통령의 핵심 정책에 대한 평가가 현직 광역단체장에 대한 투표 여부에 매우 중요한 영향을 끼치고 있다는 사실이다. 광역단체장이 민주당 소속인 경우 국가경제에 대한 회고적 평가가 긍정적일수록 현직자에게 투표할 확률이 유의미하게 증가하였으며, 반대로 광역단체장이 야당 소속인 경우에는 국가경제에 대한 회고적 평가가 긍정적일수록 현직자에게 투표할 확률이 유의미하게 감소하였다. 마찬가지로 문재인 정부의 대북정책을 긍정적으로 평가하는 사람일수록 민주당 소속 현직 광역단체장에게 투표할 확률이 유의미하게 증가한 반면에, 야당 소속 현직 광역단체장에게 투표할 확률은 유의미하게 감소하였다.

그러나 〈표6-1〉은 국가 수준의 회고적 평가가 지방선거의 투표선

<표6-1> 국가 및 지역 수준의 회고적 평가와 현직자에 대한 투표 여부 (*N*=2021)

	Coefficients (Robust Standard Errors)
국가경제 회고적 평가	0.678* (0.214)
국가경제 회고적 평가×야당 단체장	-1.006* (0.264)
대북정책 평가	0.648* (0.130)
대북정책 평가×야당 단체장	-1.246* (0.141)
지역경제 회고적 평가	0.016 (0.083)
지역경제 회고적 평가×현직 불출마	-0.335 (0.306)
단체장 업무수행 평가	0.226* (0.080)
단체장 업무수행 평가×현직 불출마	-0.121 (0.140)
야당 단체장	-0.360 (0.794)
현직 불출마	-1.385* (0.253)
이념성향	-0.179* (0.045)
이념성향×야당 단체장	0.504* (0.080)
민주당 지지자	1.311* (0.203)
민주당 지지자×야당 단체장	-2.131* (0.307)
자한당 지지자	-2.210* (0.552)
자한당 지지자×야당 단체장	3.855* (0.735)
기타 정당 지지자	-0.460* (0.142)
연령	-0.025* (0.005)
연령×야당 단체장	0.048* (0.008)
교육수준 (대졸 이상=1)	0.094 (0.136)
소득수준	0.021 (0.026)
자가주택 여부 (주택 소요=1)	0.245* (0.097)
성별 (여성=1)	0.062 (0.144)
거주 지역 dummies	Yes
Constant	0.245 (0.570)
pseudo-R^2	0.4343

주: *$p < 0.05$.

택에 중요한 역할을 한다는 사실을 확인하는 것과 함께, 지역 수준의
회고적 평가 또한 일정한 영향력을 끼치고 있다는 증거를 동시에 보여

주고 있다. 국가 수준의 경제상황에 대한 평가와 중앙정부의 핵심 정책에 대한 평가를 통제한 이후에도 현직 광역단체장의 임기 동안의 업무수행에 대한 회고적 평가가 투표선택에 여전히 유의미한 영향을 끼치고 있다. 다시 말해서 현직 광역단체장의 업무수행에 대해 긍정적인 평가를 내리는 유권자일수록 해당 단체장에게 투표할 확률이 유의미하게 증가하는 회고적 투표의 모습이 나타났다는 것이다. 물론 현직 단체장이 선거에 출마하지 않은 경우라면 해당 단체장의 업무수행에 대한 평가가 동일 정당 소속 후보에게 투표할 확률이 다소 하락하기는 했지만, 그 변화가 통계적으로 유의미한 정도는 아니었다. 반면에 지역 수준의 경제상황에 대한 평가는 여전히 현직 광역단체장에게 투표할 확률에 유의미한 영향을 끼치지 않는 것으로 나타났다.

다시 말해서 〈표6-1〉은 한국의 지방선거에서 국가 수준의 회고적 평가와는 독립적으로 지역 수준의 회고적 평가 역시 투표선택에 영향을 끼치는, 즉 다층적인 수준에서 회고적 투표가 나타나고 있다는 사실을 보여주고 있다. 물론 〈그림6-1〉이 시각적으로 보여주듯이 국가 수준의 회고적 평가의 영향력에 비해 지역 수준의 회고적 평가의 영향력은 상대적으로 약한 것은 사실이며, 더구나 지역경제에 대한 평가가 현직자에게 투표할 확률에 끼치는 영향력은 매우 미미한 것으로 나타났다. 그러나 이러한 한계에도 불구하고 〈표6-1〉과 〈그림6-1〉은 기존의 많은 연구들과는 달리 한국의 지방선거에서 중앙정치의 논리뿐만 아니라 개별 지역 수준의 고려와 평가 또한 유권자의 회고적 투표에

〈그림6-1〉 국가 및 지역 수준의 회고적 평가의 영향력

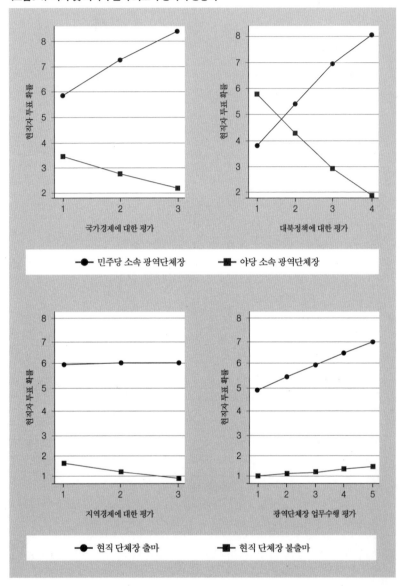

유의미하게 작용한다는 경험적 증거를 분명하게 제시하고 있다.

한국 지방선거에서 나타나는 다층적 회고적 투표의 증거 외에도 〈표 6-1〉은 몇 가지 추가적으로 흥미로운 발견을 제시하고 있다. 우선 현직 광역단체장이 출마하지 않은 경우 유권자들이 동일한 정당 소속의 후보에게 투표할 확률이 유의미하게 하락하였다. 다시 말해서 〈표 6-1〉은 한국 지방선거를 다룬 기존 연구에서 지속적으로 강조해온 현직 효과(incumbency effect)를 다시 한 번 확인해주고 있다. 또한 유권자의 이념성향 및 연령, 그리고 지지 정당이 현직자에게 투표할 확률에 끼치는 영향력은 광역단체장의 소속 정당에 따라 그동안 한국의 선거 정치에서 일반적으로 발견되어 온 패턴과 동일한 형태로 반복되고 있으며, 이는 한국 지방선거에서 정당이 차지하는 중요성을 보여준다는 점에서 기존 연구들에 부합하는 결과라고 할 수 있다.

〈표6-1〉과 〈그림6-1〉에서 제시된 분석은 2018년 광역단체장 선거에서 국가 수준의 회고적 평가와는 구별되는 지역 수준의 회고적 평가가 유권자의 투표선택에 독립적인 영향을 끼쳤다는 점을 보여주고 있지만, 이와 동시에 지역 수준의 회고적 평가의 영향력이 상대적으로 약하다는 점 또한 보여주고 있다. 그렇다면 이어지는 질문은 지방선거에서 정작 지역 수준의 회고적 평가의 역할이 상대적으로 약하게 나타나는 이유를 설명하는 것이다. 이와 관련하여 본 장에서 제기하는 가설은 한국 지방자치제도의 제도적 한계로 인해 실제로 자치단체장이 동원할 수 있는 자원(resources)과 정책결정능력이 매우 제한적이며, 따

라서 지방정부의 정책결과 및 지역발전에 끼치는 영향력 또한 제한적이라는 것이다. 결과적으로-이러한 현실을 인식하고 있는-한국 유권자들이 지방정부의 정책결과에 대한 책임을 자치단체장에게 묻는 정도 역시 제한적일 가능성이 있다.

이와 같은 한국 지방자치제도의 특징이 실제로 지방선거에 임하는 유권자들의 인식에서 구체적으로 어떻게 작용하는지 살펴보기 위해서 〈그림6-2〉에서는 응답자가 자신이 거주하는 지역의 발전에 광역단체장, 지역구 국회의원, 그리고 대통령이 각기 얼마나 책임이 있다고 생각하는지 10점 척도로 대답한 결과를 보여주고 있다. 물론 대부분의 유권자들이 세 정치적 행위자 모두 상당한 책임을 공유한다고 생각하고는 있지만, 그 상대적 중요성에 있어서는 미묘한 차이를 발견할 수 있다. 세 정치적 행위자 중 지역구 국회의원이 평균 8.28점을 기록함으로써 가장 높은 책임을 가지는 것으로 인식되고 있으며, 평균 7.18점의 대통령이 상대적으로 낮은 책임을 가지는 것으로 인식되고 있었다. 광역단체장은 평균 8.21점으로서 지역구 국회의원보다 약간 낮은 점수를 기록했으며, 이러한 차이는 통계적으로도 유의미했다($p < 0.01$).

만일 지방정부의 낮은 정책적·재정적 자율성-에 대한 유권자의 인식-이 지방선거에서 지역 수준의 회고적 투표를 방해하는 요인이라면, 최소한 지역발전에 있어 광역단체장의 책임을 상대적으로 높게 인식하는 응답자들 사이에서라면 지역 수준의 회고적 평가가 현직자에 대한 투표 여부에 끼치는 영향력이 분명하게 나타나야 할 것이다. 이

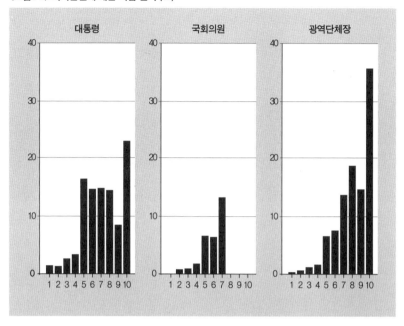

를 확인하기 위해 아래의 분석에서는 지역발전에 대한 광역단체장의 책임 수준에 대한 인식이 유권자의 회고적 투표에 어떻게 반영되는지 살펴보았다. 다만 단순히 지역발전에 특정 정치적 행위자가 얼마나 책임이 있는가라는 질문 자체는 매우 규범적인 응답을 낳을 우려가 있으며, 실제로 〈그림6-2〉에서도 알 수 있듯이 세 정치적 행위자의 책임에 대한 인식은 매우 비대칭적인 분포를 나타내고 있다. 또한 정작 중요한 것은 광역단체장의 책임 자체라기보다는 중앙정부의 행위자-즉 국회의원 및 대통령-과의 상대적인 권한과 책임의 균형이라고 할 수 있

다. 이러한 측면에서 아래의 분석에서는 광역단체장의 지역발전 책임에 대한 인식을 그대로 사용하지 않고 〈표6-2〉에 제시된 것과 같이 응답자가 광역단체장과 국회의원 사이에 그리고 광역단체장과 대통령 사이에 누가 더 큰 책임이 있다고 인식하는가에 따라 세 정치적 행위자의 지역발전 책임에 대한 인식을 재구성하였다.

〈표6-2〉 지역발전에 대한 광역단체장의 상대적 책임 (%)

	vs 국회의원	vs 대통령
광역단체장〈국회의원/대통령	22.16	11.98
광역단체장=국회의원/대통령	58.55	37.79
광역단체장〉국회의원/대통령	19.29	50.23

보다 구체적으로 광역단체장의 상대적 책임이라는 변수는 만일 응답자가 광역단체장이 국회의원이나 대통령보다 더 큰 책임을 가진다고 생각하면 1의 값을, 광역단체장이 국회의원이나 대통령과 동일한 수준의 책임을 가진다고 생각하면 0의 값을, 그리고 광역단체장보다 국회의원이나 대통령이 보다 더 큰 책임이 있다고 생각하면 -1의 값을 가지도록 조작화되었다. 그리고 이렇게 조작화된 상대적 책임 인식과 지역경제에 대한 평가 및 광역단체장 업무수행 평가와의 상호작용항을 포함하여 통계분석을 다시 실시한 결과를 〈표6-3〉에서 제시하였다.

〈표6-3〉 광역단체장의 지역발전 책임 인식과 회고적 평가의 상호작용 (N=2021)

	Coefficients (Robust Standard Errors)			
국가경제 회고적 평가	0.631*	(0.223)	0.663*	(0.221)
국가경제 회고적 평가 ×야당 단체장	-0.976*	(0.284)	-0.994*	(0.283)
대북정책 평가	0.658*	(0.118)	0.661*	(0.139)
대북정책 평가 ×야당 단체장	-1.246*	(0.134)	-1.243*	(0.150)
지역경제 회고적 평가	-0.051	(0.099)	-0.113	(0.126)
지역경제 회고적 평가 ×광역단체장 상대적 책임 (vs.국회의원)	0.419*	(0.142)		
지역경제 회고적 평가 ×광역단체장 상대적 책임 (vs.대통령)			0.132	(0.140)
단체장 업무수행 평가	0.191*	(0.063)	0.113	(0.080)
단체장 업무수행 평가 ×광역단체장 상대적 책임 (vs.국회의원)	0.035	(0.077)		
단체장 업무수행 평가 ×광역단체장 상대적 책임 (vs.대통령)			0.197*	(0.072)
광역단체장 상대적 책임 (vs.국회의원)	-0.910*	(0.296)		
광역단체장 상대적 책임 (vs.대통령)			-0.837*	(0.318)
야당 단체장	-0.482	(0.853)	-0.505	(0.907)
현직 불출마	-2.212*	(0.124)	-2.206	(0.123)
Controls	Yes		Yes	
Constant	0.576	(0.589)	0.882	(0.631)
pseudo-R^2	0.4362		0.4358	

주: 〈표6-1〉과 동일한 통제변수들이 포함되었으나 결과에 차이가 없어 여기에서는 생략되었다.
*$p<0.05$.

〈표6-3〉의 결과는 지방선거에서 나타나는 지역 수준의 회고적 투표와 관련하여 몇 가지 흥미로운 사실을 보여주고 있다. 우선 지역을 발전시키는데 있어서 국회의원에 비해 광역단체장의 책임이 상대적으로 더 크다고 생각하는 사람들 사이에서는 지역경제에 대한 회고적 평가가 현직자에게 투표할 확률에 분명하고 유의미한 영향을 끼치는 것

으로 나타났다. 반면에 지역발전에 대해 지역구 국회의원이 광역단체장과 동등한 수준의 책임을 진다고 생각하는 사람들 사이에서는 지역경제에 대한 평가와 투표선택 사이에 별다른 관계가 없었다. 마찬가지로 광역단체장의 업무수행에 대한 평가가 현직자에 대한 투표 여부에 끼치는 영향력은 지역발전에 있어 광역단체장이 대통령에 비해 더 큰 책임을 진다고 인식하는 사람들 사이에서 더욱 커지는 것으로 나타났다. 다시 말해서 지역 수준의 회고적 평가에 기반한 투표선택은 지방정부의 정책결과에 대해 광역단체장이 중앙정치의 행위자들에 비해 상대적으로 큰 책임이 있다는 인식에 의해 조건부로 나타날 수 있다는 것이다.

두 번째로 〈표6-3〉과 〈그림6-3〉의 결과는 유권자들이 지방정부의 정책과 성과를 평가하는데 있어서 영역별로 서로 다른 기준을 적용하고 있을 가능성을 보여주고 있다. 광역단체장과 국회의원 사이의 정치적 책임의 균형은 지역경제에 대한 평가와 관련하여서만 작용할 뿐 일반적인 광역단체장의 업무수행 평가과 관련해서는 회고적 투표에 반영되지 않았다. 이와 정반대로 광역단체장과 대통령 사이의 정치적 책임의 균형은 지역경제에 대한 평가와 관련해서는 작용하지 않았으며 오히려 일반적인 광역단체장의 업무수행 평가와 관련해서만 회고적 투표에 반영되었다. 이러한 차이가 정확히 어떠한 의미를 가지는지 현 단계에서는 불분명하지만, 일단 생각해볼 수 있는 가설은 한국 유권자들이 지역경제의 발전이라는 측면에서는 지방정부 자체의 노력뿐

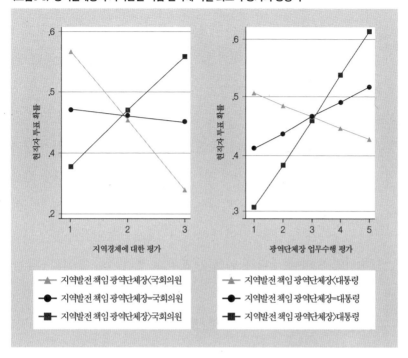

〈그림6-3〉 광역단체장의 지역발전 책임 인식에 따른 회고적 평가의 영향력

만 아니라 중앙정부의 여러 행위자 중 특히 국회의-아마도 개발사업을 위한 예산 확보 등에 있어서-협조가 필요하다고 생각하는 반면에, 전반적인 지방정부의 정책수행의 성패는 대통령의 협조에 따라 달라질 수 있다고 생각하고 있다는 것이다. 물론 이러한 설명은 현 단계에서는 경험적으로 검증되지 않은 가설 수준의 추측이며, 향후 추가적인 후속 연구를 통해 확인되어야 할 것이다.

4. 소결

그동안 한국 지방선거에 대한 지배적인 이해는 유권자의 투표선택이 중앙정치 수준의 변수에 의해 추동되며, 비록 지방정부를 구성하는 선거임에도 불구하고 정작 지역 차원의 이슈는 별다른 영향을 끼치지 않는다는 것이었다. 그리고 이처럼 한국 지방선거에서 투표의 대상과 회고적 평가의 대상이 일치하지 않는다는 사실은 그동안 한국 지방자치제도 하에서 정치적 책임성이 확보되지 않는다는 비판과 이러한 문제를 해결하기 위한 다양한 제도적 대안에 대한 논의의 출발점이 되어 왔다(강원택 2014). 본 장의 논의 또한 한국의 지방선거 제도에 여러 가지 문제점이 존재하며 이를 개혁하기 위한 다양한 논의가 필요하다는 사실을 부정하는 것은 아니다. 다만 여기서의 경험적 분석이 보여주는 것은 지금까지의 지방선거에 대한 이해가 상당 부분 편향되어 있으며, 실제로 한국 유권자들은 현직 광역단체장에게 투표할지 여부를 결정할 때 지역경제의 변화나 현직자의 업무수행에 대한 회고적 평가 역시 중요한 고려 요소 중의 하나라는 것이다. 특히 2018년 지방선거가 대통령 탄핵과 조기 대선이라는 헌정 사상 초유의 사태가 벌어지고 불과 1년여밖에 흐르지 않은 시점에 실시되었다는 점에서 이러한 중앙정치의 격변에도 불구하고 여전히 지역 수준의 회고적 투표가 확인되었다는 본 장의 발견은 더욱 중요한 의미를 가진다고 할 수 있다.

본 장의 서두에서도 언급했듯이 한국 지방선거에서 지방정부 수준의 회고적 투표가 이루어지는가의 문제는 단순한 지적 호기심의 차원을 넘어서서 과연 한국 지방자치제도에서 정치적 책임성이 확보되고 있는가라는 근본적인 질문과도 연결된다. 즉 만일 현직 광역단체장이 임기 동안 지방정부를 어떻게 운영하고 어떠한 성과를 거두었는가와 무관하게 소속 정당이나 정권심판론과 같은 중앙정치 수준의 이슈에 의해서만 지방선거의 결과가 결정된다면, 이는 한국 지방자치제도의 민주적 정당성에 심각한 의문을 제기하게 될 것이다. 물론 분석 결과에서 중앙정부 수준의 회고적 평가가 여전히 지역 수준의 회고적 평가에 비해 유권자의 투표선택에 훨씬 더 강력하고 일관된 영향을 끼치는 것으로 나타난 것은 사실이다. 그리고 이러한 중앙정치의 강력한 영향력은 비록 지방자치제도를 실시하고 있음에도 불구하고 여전히 지방정부의 정치적 행위자에 비해 중앙정부의 행위자들이 더 큰 정치적·정책적 영향력을 끼치고 있다는 현실-에 대한 유권자의 인식-을 반영하고 있다. 따라서 한국 지방정부의 정치적 책임성과 민주적 정당성을 증진시키기 위한 중요한 조건 중의 하나는 보다 적극적인 지방분권화를 통해 중앙정부의 기능과 업무를 지방정부로 이양하는 작업이라고 할 수 있다.

| 참고문헌 |

가상준. 2008. "노무현 대통령에 대한 평가가 2007년 대통령선거에 미친 영향력 분석"『현대정치연구』제1권 1호. 33-57.

강우진. 2013. "제18대 대선과 경제투표: 경제성장에 대한 정책선호의 일치의 영향력을 중심으로"『한국정치학회보』제47집 5호. 213-233.

강원택. 2004. "한국에서 보궐선거의 특성과 정치적 의미"『의정연구』제10권 1호. 145-166.

강원택. 2006. "2002년 지방선거의 정치적 의미: 중간평가 혹은 대선 전초전?"『한국정치연구』제15권 2호. 61-83.

강원택. 2008a. "2007년 대통령 선거와 이슈: 회고적 평가 혹은 전망적 기대?"『의정연구』제14권 1호. 31-58.

강원택. 2008b. "2007년 대선과 2008년 총선에서의 지지 변화: 누가 왜 바꿨나?"『한국과 국제정치』제24권 3호. 1-28.

강원택. 2012. "왜 회고적 평가가 이뤄지지 않았을까: 2012년 국회의원 선거 분석"『한국정치학회보』제46집 4호. 129-147.

권혁용. 2008. "2007년 대통령선거에 나타난 경제투표" 이현우·권혁용 편, 『변화하는 한국유권자2: 패널조사를 통해 본 2007 대선』서울: 동아시아연구원.

길정아·강원택. 2020. "제21대 국회의원선거에서의 회고적 투표: 대통령의 코로나 대응 평가와 당파적 편향."『한국정당학회보』제19권 4호. 101-140.

김진하. 2010. "지방선거의 역사적 의미와 6·2 지방선거 분석: 서울시장 선거 사례 분석"『한국정당학회보』제9권 2호. 5-32.

배은진·엄기홍. 2016. "한국 지방선거에서의 경제투표?: 광역단체장 선거를 중심으로 한 경험적 분석."『21세기정치학회보』제26집 2호. 77-97.

배진석. 2021. "당파적 태도가 코로나19 관련 대응 평가에 미치는 영향." 『한국과 국제정치』제37권 1호. 77-116.

박선경. 2019. "경제투표이론의 한국적 적용에 대한 고찰."『현대정치연구』 제12권 1호. 5-37.

박선경. 2020. "21대 총선은 코로나19로 결정된 선거인가?: 코로나19 대응 평가와 야당심판론에 의한 투표 변경 분석."『현대정치연구』제13권 3호, 85-118.

박원호·신화용. 2014. "정당 선호의 감정적 기반: 세월호 사건과 지방선거를 중심으로."『한국정치학회보』제48권 5호. 119-142.

송건섭·이곤수. 2011. "유권자의 투표행태와 결정요인에 관한 연구: 2002 년·2006년·2010년 지방선거를 중심으로."『한국정책과학학회보』 제15권 3호. 49-71.

신정섭. 2018. "2018년 광역자치단체장 선거에서 나타난 회고투표 행태: 정치적 책임할당, 정치적 지식, 소득수준을 중심으로."『21세기정치 학회보』제29집 2호. 1-22.

신정섭. 2020. "코로나19가 제21대 국회의원선거 투표선택에 미친 영향: 정부대응 평가와 개인피해를 중심으로.," 『한국정치연구』 29권 3호. 155-182.

오현주·송진미·길정아·강원택. 2014. "정당 호감도와 회고적 평가: 2014년 지방선거를 중심으로" 『한국정당학회보』 제13권 2호. 69-97.

이곤수·송건섭. 2011. "지방선거의 유권자 투표 선택: 정당인가 후보인가?" 6·2 지방선거와 서울시의 사례." 『한국정책과학학회보』 제15권 4호. 339-360.

이내영·안종기. 2013. "제18대 대통령선거와 회고적 투표: 왜 제18대 대통령선거에서 집권정부에 대한 회고적 평가가 중요한 영향을 미치지 못했나?" 『한국정당학회보』 제12권 2호. 5-36.

이내영·정한울. 2007. "이슈와 한국 정당지지의 변동" 『한국정치학회보』 제41집 1호. 31-55.

이재철. 2008. "17대 대통령 선거에서의 경제투표: 유권자의 경제인식과 투표결정" 『현대정치연구』 제1권 1호. 111-136.

이현우. 1998. "한국에서의 경제투표" 이남영 편, 『한국의 선거 II』 서울: 푸른길.

이현우. 2015. "2014년 지방선거에 세월호 사건이 미친 영향: 정부책임과 정당대응 평가를 중심으로." 『한국정치학회보』 제49집 1호. 247-268.

장승진. 2012. "제19대 총선의 투표 선택: 정권심판론, 이념 투표, 정서적 태도" 『한국정치학회보』 제46집 52호. 99-120.

장승진. 2016. "제20대 총선의 투표선택: 회고적 투표와 세 가지 심판론"

『한국정치학회보』 제50집 4호. 151-169.

장승진·길정아. 2014. "제18대 대선의 투표선택에 대한 방법론적 재검토: 한국 유권자는 정말로 전망적 투표를 했는가?"『한국과 국제정치』 제30권 3호. 1-28.

조성대. 2018. "스윙 투표자의 특징과 투표 행태에 관한 연구: 2018년 6·13 지방선거 사례."『한국정치학회보』 제52권 5호. 31-56.

조진만. 2005. "민주화 이후 한국 재·보궐선거의 특징과 정치적 의미"『한국정당학회보』 제4권 2호. 95-122.

조진만·최준영·가상준. 2006. "한국 재·보궐선거의 결정요인 분석"『한국정치학회보』 제40집 2호. 75-98.

최준영·조진만. 2011. "변화하는 국회의원 재·보궐선거: 중앙정치 대 지역정치"『한국정당학회보』 제10권 2호. 133-156.

황아란. 2000. "경제투표에 대한 정치심리학적 접근 : 제15대 대선을 중심으로"『한국정치학회보』 제34집 2호. 193-212.

황아란. 2012. "제19대 국회의원선거와 투표행태: 긍정적·부정적 정당태도와 회고적·전망적 평가를 중심으로"『한국과 국제정치』 제28권 4호. 133-159.

황아란. 2013. "2000년대 지방선거의 변화와 지속성: 현직효과와 중앙정치의 영향"『한국정치학회보』 제47집 5호. 277-295.

황아란. 2014. "2014년 지방선거의 특징과 변화."『21세기정치학회보』 제24권 3호. 319-341.

황아란. 2016. "역대 지방선거의 통시자료 분석을 통한 2014년 동시지방선거의 변화와 지속성." 『지방정부연구』 제20권 1호. 287-305.

Achen, Christopher H., and Larry M. Bartels. 2002. "Blind retrospection: Electoral Responses to Drought, Flu, and Shark Attacks." Paper presented at the Annual Meeting of American Political Science Association, Boston, MA.

Achen, Christopher H., and Larry M. Bartels. 2004. "Musical Chairs: Pocketbook Voting and the Limits of Democratic Accountability." Paper presented at the Annual Meeting of American Political Science Association, Chicago, IL.

Anderson, Christopher J. 2000. "Economic Voting and Political Context: A Comparative Perspective." *Electoral Studies* Vol. 19, No. 2-3. 151-170.

Anderson, Christopher J. 2007. "The End of Economic Voting? Contingency Dilemmas and the Limits of Democratic Accountability." *Annual Review of Political Science* Vol. 10. 271-296.

Anderson, Christopher J., Silvia M. Mendes, and Yuliya V. Tverdova. 2004. "Endogenous Economic Voting: Evidence from the 1997 British Election." *Electoral Studies* Vol. 23, No. 4. 683-708.

Ashworth, Scott. 2012. "Electoral Accountability: Recent Theoretical and

Empirical Work." *Annual Review of Political Science* Vol. 15. 183-201.

Bartels, Larry M. 2002. "Beyond the Running Tally: Partisan Bias in Political Perceptions." *Political Behavior* Vol. 24, No. 2. 117-150.

Berelson, Bernard R., Paul F. Lazarsfeld, and William N. McPhee. 1954. *Voting: A Study of Opinion Formation in a Presidential Campaign.* Chicago: University of Chicago Press.

Berry, Christopher R., and William G. Howell. 2007. "Accountability and Local Elections: Rethinking Retrospective Voting." *Journal of Politics* Vol. 69, No. 3. 844-858.

Bechtel, Michael M., and Jens Hainmueller. 2011. "How Lasting Is Voter Gratitude? An Analysis of the Short- and Long-term Electoral Returns to Beneficial Policy." *American Journal of Political Science* Vol. 55, No. 4. 852-868.

Boyne, George A., Oliber James, Peter John, and Nicolai Petrovsky. 2009. "Democracy and Government Performance: Holding Incumbents Accountable in English Local Governments." *Journal of Politics* Vol. 71, No. 4. 1273-1284.

Campbell, Angus, Philips E. Converse, Warren E. Miller, and Donald E. Stokes. 1960. *The American Voter.* New York: John Wiley & Sons, Inc.

Campbell, James E., Bryan J. Dettrey, and Hongxing Yin. 2010. "The Theory of Conditional Retrospective Voting: Does the Presidential Record Matter Less in Open-Seat Elections?" *Journal of Politics* Vol. 72, No. 4. 1083-1095.

Converse, Philip E. 1964. "The Nature of Belief Systems in Mass Publics." In David E. Apter, ed. *Ideology and Discontents*. New York: Free Press.

Delli Carpini, Michael X., and Scott Keeter. 1996. *What Americans Know about Politics and Why It Matters*. New Haven: Yale University Press.

Downs, Anthony. 1957. *An Economic Theory of Democracy*. New York: Harper and Row.

Druckman, James N., and Toby Bolsen. 2011. "Framing, Motivated Reasoning, and Opinions about Emergent Technologies." *Journal of Communication* Vol. 61, No. 4, 659-688.

Duch, Raymond M., and Randy Stevenson. 2005. "Context and the Economic Vote: A Multilevel Analysis." *Political Analysis* Vol. 13, No. 4. 387-409.

Duch, Raymond M, Harvey D. Palmer, and Christopher J. Anderson. 2000. "Heterogeneity in Perceptions of National Economic Conditions." *American Journal of Political Science* Vol. 44, No. 4. 635-652.

Erikson, Robert S. 1989. "Economic Conditions and the Presidential

Vote." *American Political Science Review* Vol. 83, No. 2. 568-573.

Erikson, Robert S., Michael B. MacKuen, and James A. Stimson. 2001. *The Macro Polity*. New York: Cambridge University Press.

Evans, Geoffrey, and Robert Andersen. 2006. "The Political Conditioning of Economic Perceptions." *Journal of Politics* Vol. 68, No. 1. 194-207.

Evans, Geoffrey, and Mark Pickup. 2010. "Reversing the Causal Arrow: The Political Conditioning of Economic Perceptions in the 2000-2004 U.S. Presidential Election Cycle." *Journal of Politics* Vol. 72, No. 4. 1236-1251.

Fair, Ray C. 1978. "The Effect of Economic Events on Votes for President." *Review of Economics and Statistics* Vol. 60, No. 2. 159-173.

Fearon, James D. 1999. "Electoral Accountability and the Control of Politicians: Selecting Good Types versus Sanctioning Poor Performance." In Adam Przeworski, Susan C. Stokes, and Bernard Manin, eds. *Democracy, Accountability, and Representation*. New York: Cambridge University Press.

Ferejohn, John. 1986. "Incumbent Performance and Electoral Control." *Public Choice* Vol. 50, No. 1. 5-25.

Fiorina, Morris P. 1981. Retrospective *Voting in American National Elections*. New Haven: Yale University Press.

Flynn, D. J., Brendan Nyhan, and Jason Reifler. 2017. "The Nature and Origins of Misperceptions: Understanding False and Unsupported Beliefs about Politics." *Political Psychology* Vol. 38, No. 1, 127-150.

Franklin, Charles H., and John E. Jackson. 1983. "The Dynamics of Party Identification." *American Political Science Review* Vol. 77, No. 4, 957-973.

Fowler, Anthony, and Andrew B. Hall. 2018. "Do Shark Attacks Influence Presidential Elections? Reassessing a Prominent Finding on Voter Competence." *Journal of Politics* Vol. 80, No. 4, 1423-1437.

Gaines, Brian J., James H. Kuklinski, Paul J. Quirk, Buddy Peyton, and Jay Verkuilen. 2007. "Same Facts, Different Interpretations: Partisan Motivation and Opinion on Iraq." *Journal of Politics* Vol. 69, No. 4, 957-974.

Gasper, John T., and Andrew Reeves. 2011. "Make it Rain? Retrospection and the Attentive Electorate in the Context of Natural Disasters." *American Journal of Political Science* Vol. 55, No. 2. 340-355.

Gerber, Alan S., and Gregory A. Huber. 2009. "Partisanship, Political Control, and Economic Assessments." *American Journal of Political Science* Vol. 54, No. 1. 153-173.

Gomez, Brad T., and J. Matthew Wilson. 2001. "Political Sophistication and Economic Voting in the American Electorate: A Theory of

Heterogeneous Attribution." *American Journal of Political Science* Vol. 45, No. 4. 899-914.

Gomez, Brad T., and J. Matthew Wilson. 2003. "Causal Attribution and Economic Voting in American Congressional Elections." *Political Research Quarterly* Vol. 6 No. 3. 271-282.

Goren, Paul. 1997. "Political Expertise and Issue Voting in Presidential Elections." *Political Research Quarterly* Vol. 50, No. 2. 387-412.

Green, Donald P., Bradley Palmquist, and Eric Schickler. 2002. *Partisan Hearts and Minds: Political Parties and the Social Identities of Voters.* New Haven: Yale University Press.

Grose, Christian R., and Bruce I. Oppenheimer. 2007. "The Iraq War, Partisanship, and Candidate Attributes: Variation in Partisan Swing in the 2006 U.S. House Elections." *Legislative Studies Quarterly* Vol. 32, No. 4. 531-557.

Hansford, Thomas G., and Brad T. Gomez. 2015. "Reevaluating the Sociotropic Economic Voting Hypothesis." *Electoral Studies* Vol. 39, No. 1. 15-25.

Healy, Andrew, and Gabriel S. Lenz. 2013. "Substituting the End for the Whole: Why Voters Respond Primarily to the Election-Year Economy." *American Journal of Political Science* vol. 58, No. 1. 31-47.

Healy, Andrew, and Neil Malhotra. 2013. "Retrospective Voting

Reconsidered." *Annual Review of Political Science* Vol. 16. 285-306.

Healy, Andrew, and Neil Malhotra. 2009. "Myopic voters and Natural Disaster Policy." *American Political Science Review* Vol. 103, No. 3. 387-406.

Healy, Andrew, and Neil Malhotra, Cecilia H. Mo. 2010. "Irrelevant Events Affect Voters' Evaluations of Government Performance." *Proceedings of the National Academy of Sciences* Vol. 107, No. 29. 804-809.

Hellwig, Timothy T. 2001. "Interdependence, Government Constraints, and Economic Voting." *Journal of Politics* Vol. 63, No. 4. 1141-1162.

Hellwig, Timothy T., and David Samuels. 2007. "Voting in Open Economies: The Electoral Consequences of Globalization." *Comparative Political Studies* Vol. 40, No. 3. 283-306.

Hellwig, Timothy T., and David Samuels. 2008. "Electoral Accountability and the Variety of Democratic Regimes." *British Journal of Political Science* Vol. 38, No. 1. 65-90.

Hetherington, Marc J. 1996. "The Media's Role in Forming Voters' National Economic Evaluations in 1992." *American Journal of Political Science* Vol. 40, No. 2. 372-395.

Hibbs, Douglas A. 1987. *The American Political Economy: Macroeconomics and Electoral Politics*. Cambridge: Harvard University Press.

Hibbs, Douglas A. 2000. "Bread and Peace Voting in U.S. Presidential Elections." *Public Choice* Vol. 104, No. 1-2. 149-180.

Hobolt, Sara B., James Tilley, and Jill Wittrock. 2013. "Listening to the Government: How Inforation Shapes Responsibility Attributions." *Political Behavior* Vol. 35, No. 1. 153-174.

Huber, Gregory A., Seth J. Hill, and Gabriel S. Lenz. 2012. "Sources of Bias in Retrospective Decision Making: Experimental Evidence on Voters' Limitations in Controlling Incumbents." *American Political Science Review* Vol 106, No. 4. 720-741.

Jerit, Jennifer, and Jason Barabas. 2012. "Partisan Perceptual Bias and the Information Environment." *The Journal of Politics* Vol. 74, No. 3, 672-684.

Karol, David, and Edward Miguel. 2007. "The Electoral Cost of War: Iraq War Casualties and the 2004 U.S. Presidential Election." *Journal of Politics* Vol 69, No. 3. 633-648.

Key, V.O. 1966. *The Responsible Electorate*. Cambridge: Harvard University Press.

Kinder, Donald R., and D. Roderick Kiewiet. 1981. "Sociotropic Politics: The American Case." *British Journal of Political Science* Vol. 11, No. 2. 129-161.

Kramer, Gerald H. 1971. "Short-Term Fluctuations in U.S. Voting Behavior, 1896-1964." *American Political Science Review* Vol. 65, No. 1. 131-143.

Kramer, Gerald H. 1983. "The Ecological Fallacy Revisited: Aggregate-versus Individual-level Findings on Economics and Elections, and Sociotropic Voting." *American Political Science Review* Vol. 77, No. 1. 92-111.

Kriner, Douglas L., and Francis X. Shen. 2007. "Iraq Casualties and the 20006 Senate Elections." *Legislative Studies Quarterly* Vol. 32, No. 4. 507-530.

Kunda, Ziva. 1990. "The Case for Motivated Reasoning." *Psychological Bulletin* Vol. 108, No. 3. 480-498.

Kunda, Ziva. 1999. *Social Cognition: Making Sense of People*. Cambridge, MA: The MIT Press.

Lazarsfeld, Paul F., Bernard Berelson, and Hazel Gaudet. 1948. *The People's Choice: How the Voter Makes Up His Mind in a Presidential Campaign*. New York: Columbia University Press.

Lebo, Matthew J., and Daniel Cassino. 2007. "The Aggregated Consequences of Motivated Reasoning and the Dynamics of Partisan Presidential Approval." *Political Psychology* Vol. 28, No. 6. 719-746.

Lewis-Beck, Michael S. 1988. Economics and Elections: *The Major Western Democracies*. Ann Arbor, MI: University of Michigan Press.

Lewis-Beck, Michael S. 2006. "Does Economics Still Matter? Econometrics and the Vote." *Journal of Politics* Vol. 68, No. 1. 208-212.

Lewis-Beck, Michael S., and Mary Stegmaier. 2000. "Economic Determinants of Electoral Outcomes." *Annual Review of Political Science* Vol. 3. 183-219.

Lewis-Beck, Michael S., and Mary Stegmaier. 2008. "Economic Vote in Transitional Democracies." *Journal of Elections, Public Opinion and Parties* Vol. 18, No. 3, 303-323.

Lewis-Beck, Michael S., Richard Nadeau, and Angelo Elias. 2008. "Economics, Party, and the Vote: Causality Issues and Panel Data." *American Journal of Political Science* Vol. 52, No. 1. 84-95.

Lodge, Milton, and Ruth Hamill. 1986. "A Partisan Schema for Political Information Processing." *American Political Science Review* Vol. 80, No. 2. 505-519.

Lodge, Milton, and Charles S. Taber. 2000. "Three Steps toward a Theory of Motivated Reasoning." In Arthur Lupia, Matthew D. McCubbins, and Samuel L. Popkin, eds. *Elements of Reason: Cognition, Choice, and the Bounds of Rationality*. New York:

Cambridge University Press.

Lodge, Milton, and Charles S. Taber. 2013. *The Rationalizing Voter*. Cambridge University Press.

MacKuen, Michael B., Robert S. Erikson, and James A. Stimson. 1992. "Peasants or Bankers? The American Electorate and the U.S. Economy." *American Political Science Review* Vol. 86, No. 3. 597-611.

Malhotra, Neil, and Alexander G. Kuo. 2008. "Attributing Blame: The Public's Response to Hurricane Katrina." *Journal of Politics* Vol. 70, No. 1. 120-135.

Malhotra, Neil, and Yotam Margalit. 2014. "Expectation Setting and Retrospective Voting." *Journal of Politics* Vol. 76, No. 4. 1000-1016.

Már, Kristinn, and John Gastil. 2020. "Tracing the Boundaries of Motivated Reasoning: How Deliberative Minipublics Can Improve Voter Knowledge." *Political Psychology* Vol. 41, No. 1, 107-127.

Marsh, Michael, and James Tilley. 2010. "The Attribution of Credit and Blame to Governments and Its Impact on Vote Choice." *British Journal of Political Science* Vol. 40, No. 1. 115-134.

Miller, Dale T., and Michael Ross. 1975. "Self-Serving Attribution Biases in the Attribution of Causality: Fact or Fiction?" *Psychological Bulletin* Vol. 82, No. 2. 213-225.

Miller, Warren E. and J. Merrill Shanks. 1996. *The New American Voter*.

Cambridge: Harvard University Press.

Mutz, Diana C. 1992. "Mass Media and the Depoliticization of Personal Experience." *American Journal of Political Science* Vol. 36, No. 2. 483-508.

Nawara, Steven P. 2015. "Who Is Responsible, the Incumbent or the Former President? Motivated Reasoning in Responsibility Attributions." *Presidential Studies Quarterly* Vol. 45, No. 1. 110-131.

Newport, Frank, and Lydia Saad. 2021. "Review: Presidential Job Approval." *Public Opinion Quarterly* Vol. 85, No. 1, 223-241.

Norpoth, Helmut. 2001. "Divided Government and Economic Voting." *Journal of Politics* Vol. 63, No. 2. 414-435.

Page, Benjamin I., and Robert Y. Shapiro. 1992. *The Rational Public: Fifty Years of Trends in Americans' Policy Preferences*. Chicago: University of Chicago Press.

Peffley, Mark. 1984. "The Voter as Juror: Attributing Responsibility for Economic Conditions." *Political Behavior* Vol. 6, No. 3. 275-94.

Powell, G. Bingham Jr. 2000. *Elections as Instruments of Democracy: Majoritarian and Proportional Visions*. New Haven: Yale University Press.

Powell, G. Bingham, and Guy D. Whitten. 1993. "A Cross-National Analysis of Economic Voting: Taking Account of the Political Context."

American Journal of Political Science Vol. 37, No. 2. 391 – 414.

Prior, Markus, Gaurav Sood, and Kabir Khanna. 2015. "You Cannot Be Serious: The Impact of Accuracy Incentives on Partisan Bias in Reports of Economic Perceptions." Quarterly Journal of Political Science Vol. 10, No. 4, 489-518.

Redlawsk, David P. 2001. "You Must Remember This: A Test of the On-line Model of Voting." Journal of Politics Vol. 63, No. 1, 29 – 58.

Redlawsk, David P. 2002. "Hot Cognition or Cool Consideration? Testing the Effects of Motivated Reasoning on Political Decision Making." Journal of Politics Vol. 64, No. 4. 1021-1044.

Redlawsk, David P., Andrew J.W. Civettini, and Karen M. Emmerson. 2010. "The Affective Tipping Point: Do Motivated Reasoners Ever "Get It"?" Political Psychology Vol. 31, No. 4, 563 – 593.

Roberts, Andrew. 2008. "Hyperaccountability: Economic Voting in Central and Eastern Europe." Electoral Studies Vol. 27, No. 3, 533-546.

Rudolph, Thomas J. 2003. "Who's Responsible for the Economy? The Formation and Consequences of Responsibility Attributions." American Journal of Political Science Vol. 47, No. 4. 697-712.

Rudolph, Thomas J. 2006. "Triangulating Political Responsibility: The Motivated Formation of Responsibility Judgments." Political Psychology Vol. 27, No. 1. 99-122.

Sirin, Cigdem V., and Jose D. Villalobos. 2011. "Where Does the Buck Stop? Applying Attribution Theory to Examine Public Appraisals of the President." *Presidential Studies Quarterly* Vol. 41, No. 2. 334-357.

Taber, Charles S., and Milton Lodge. 2006. "Motivated Skepticism in the Evaluation of Political Beliefs." *American Journal of Political Science* Vol. 50, No. 3. 755-769.

Taber, Charles S., and Milton Lodge. 2016. "The Illusion of Choice in Democratic Politics: The Unconscious Impact of Motivated Political Reasoning." *Political Psychology* Vol. 37, No. 1, 61-85.

Tetlock, Philip E. 1985. "Accountability: A Ssocial Check on the Fundamental Attribution Error." *Social Psychology Quarterly* Vol. 48, No. 3, 227 - 236

Tilley, James, and Sara B. Hobolt. 2011. "Is the Government to Blame? An Experimental Test of How Partisanship Shapes Perceptions of Performance and Responsibility." *Journal of Politics* Vol. 73, No. 2. 316-330.

Tufte, Edward R. 1978. *Political Control of the Economy*. Princeton, NJ: Princeton University Press.

Wlezien, Christopher, Mark Franklin, and Daniel Twiggs. 1997. "Economic Perceptions and the Vote Choice: Disentangling the Endogeneity." *Political Behavior* Vol. 19, No. 1. 7-17.

한국의 선거와 회고적 투표

초판 1쇄 인쇄 2023년 2월 10일
초판 1쇄 발행 2023년 2월 20일

지 은 이 장승진
발 행 인 한정희
발 행 처 경인문화사
편   집 김윤진 김지선 유지혜 한주연 이다빈
마 케 팅 전병관 하재일 유인순
출판번호 제406-1973-000003호
주   소 경기도 파주시 회동길 445-1 경인빌딩 B동 4층
전   화 031-955-9300   팩   스 031-955-9310
홈페이지 www.kyunginp.co.kr
이 메 일 kyungin@kyunginp.co.kr

ISBN 978-89-499-6687-8 93340
값 14,000원

© 장승진, 2023